ADMINISTRACIÓN INFORMÁTICA Y SUSTENTABILIDAD

ADMINISTRACIÓN INFORMÁTICA Y SUSTENTABILIDAD

Adán López Mendoza
Ramón Ventura Roque Hernández
Juan Manuel Salinas Escandon
Coordinadores

Universidad Autónoma de Tamaulipas

Para realizar pedidos de este libro, contacte con:
Palibrio
1663 Liberty Drive
Suite 200
Bloomington, IN 47403
Gratis desde EE. UU. al 877.407.5847
Gratis desde México al 01.800.288.2243
Gratis desde España al 900.866.949
Desde otro país al +1.812.671.9757
Fax: 01.812.355.1576
ventas@palibrio.com
701832

ÍNDICE

Agradecimientos 13

Introducción. "Administración informática y Sustentabilidad" 15

Presentación.. 17

CAPITULO I. Perfil Tecnológico de los Estudiantes Universitarios
de la Carrera de Contador Público: un Estudio de Caso 23

    Introducción.. 23
    Antecedentes 24
    Metodología 25
    Cuestionario **26**
    Resultados obtenidos.. 27
    Conclusiones y trabajos futuros 42
    Referencias 44

CAPITULO II. Scrum en la creación de Aplicaciones Móviles:
un Desarrollo Experimental.. 47

    1. Introducción.. 47
    2. Antecedentes 48
    2.1 Scrum... 48
    2.2 Android como plataforma móvil.. 50
    2.3 Implementación de metodologías ágiles en el desarrollo de aplicaciones móviles 50
    2.4 Desarrollos experimentales 51
    3. Metodología 52
    3.1 Descripción del trabajo realizado 52
    3.2 Requerimientos del software solicitado 53
    3.3 Cuestionario... 54
    3.4 Procedimiento estadístico e interpretación 55
    4. Resultados 55
    4.1 Perspectiva de los participantes 55
    4.2 Perspectiva de los investigadores 59
    4.3 Discusión 59
    5. Conclusiones y trabajo futuro 60
    Referencias 61

CAPITULO III. Turismo médico en México: área de oportunidad para el cluster on line profesional y pymes de salud ... 63

Introducción.. 63

I.- El seguro médico en Estados Unidos. 64

II.- Fortalezas y debilidades de la población EUA. 66

III.- Características de Texas: 76

IV.- Estado de salud población Texas. 80

V.- Oportunidades para México. 84

VI.- Cluster on line profesional: competitividad en Pymes de salud. 86

Conclusión 89

Referencias 90

CAPITULO IV. Breve Panorama del Comercio Electrónico en China y México: de Negocio a Consumidor y de Consumidor a Consumidor 97

Introducción.. 97

Objetivos... 99

Metodología 99

Conceptos de Comercio Electrónico 99

Comercio Electrónico en China... 101

Formas de pago 104

Regulaciones respecto a la Internet y Comercio Electrónico.......... 105

Comercio electrónico en México 108

Conclusiones 119

Referencias 120

CAPITULO V. La Transferencia Informal de Tecnologías de Información de los Académicos de las Instituciones Públicas de Educación Superior de Nuevo Laredo al Sector de las Pymes: Caso de Estudio. 129

El Proceso de transferencia informal de tecnología........................ 129

Conclusiones transferencia informal de tecnología FCAYCS UAT 133

Conclusiones el caso del Instituto Tecnológico Regional de Nuevo Laredo 134

Referencias 136

CAPITULO VI. Origen de las Micro, Pequeñas y Medianas Empresas (Mipyme´S) en la Ciudad de Nuevo Laredo Tamaulipas: Proceso Empresarial o Familiar........... 139

Introducción.. 139

Antecedentes 140

Planteamiento del problema 142

Preguntas de la investigación 143

Objetivo de la investigación... 143

Justificación.. 143

Delimitación de la investigación 144

Marco teórico 144

Hipótesis 146

Metodología 147

Resultados 147

Conclusiones 151

Anexo... 152

CUESTIONARIO.. 153

Referencias 155

Fuentes electrónicas.. 155

CAPITULO VII. La Sustentabilidad Apoyada por la Inteligencia Ambiental 159

I. Introducción 159

II. Descripción del Entorno Activo 160

A. La capa física.. 160

B. La capa de contexto... 160

C. Agentes basados en reglas... 162

III. Interfaces de usuario 164

A. Un agente de diálogo en lenguaje natural 165

B. Una interfaz gráfica a través de Internet.................... 166

C. Una interfaz basada en la lectura de códigos QR........ 167

IV. Sustentabilidad mediante localización simbólica en entornos activos............. 167

Descripción 168

Uso de la información de contexto 169

Conclusiones 169

V. Sustentabilidad del uso de dispositivos móviles para centralización de control de entornos activos. 170

Referencias 172

CAPITULO VIII. Sustentabilidad: La Importancia del Derecho y legislación Ambiental en la Conservación de los recursos naturales **175**

Biodiversidad: Una Introducción 175

1.1.- Medio ambiente y Biodiversidad. 176

1.2- Principales causas de amenaza a la Biodiversidad. 177

1.3.- La Biodiversidad presente en México y Tamaulipas.................... 181

2. La definición de Derecho. 182

2.2.- El Derecho Ambiental. 183

2.2.1.- ¿Derecho Ambiental o Derecho Ecológico? 185

2.3.- La Legislación Ambiental. 186

2.4.- Legislación Ambiental Federal. 187

2.5- Antecedentes de la Ley General de Equilibrio Ecológico y
Protección al Ambiente (LGEEPA). 188

2.6.- Naturaleza Jurídica Ley General de Equilibrio Ecológico y
Protección al Ambiente (LGEEPA). 189

2.7.- Reglamentos de la Ley General de Equilibrio Ecológico y
Protección al Ambiente (LGEEPA). 190

Referencias 191

CAPITULO IX. Producción competitiva: ¿La Motivación y los Sistemas de Recompensa? **195**

1.-Introducción. 195

2.-La Motivación en el Ambiente Laboral... 196

2.1.-Jerarquía de las necesidades de Maslow. 197

2.2.- Teoría Z. 199

3. Método de Recompensas laborales. 202

3.1 Recompensas informales.. 203

3.2.- Recompensas por acciones y resultados determinados................ 204

3.3.- Recompensas Formales. 204

3.4.- Compensación Indirecta... 205

4.- La importancia del capital humano en la empresa. 206

5. Conclusión y propuestas.. 208

Referencias 209

CAPITULO X. Aplicación y evaluación del Proceso Unificado de Desarrollo de Software 211

    1. Introducción... 211

    2. Antecedentes 213

    2.1 El Proceso Unificado (PU) 213

    2.2 Metodologías ágiles XP y Scrum 215

    2.2.1 Programación Extrema (XP) 216

    2.2.2. Scrum... 218

    3. Metodología del trabajo realizado 219

    4. Resultados.. 222

    5. Conclusiones y trabajo futuro...................................... 224

    6. Agradecimientos... 225

    7. Referencias 225

Información sobre los autores....................................... 229

    Arreola Rivera, Roberto. 229

    Arredondo Salcedo, Daniel 229

    Arriaga Huerta, Liliana Marlene. 230

    Esquivel Salas, Abraham 230

    García Govea, Mayra Elena 230

    Herrera Izaguirre, Juan Antonio..................................... 231

    Lope Díaz, Luis Hernán 231

    López Mendoza, Adán... 231

    Mangin Guixeras, Violeta.. 232

    Ponce Díaz, Ma. de Jesús. 232

    Romero López, Jesús Manuel... 233

    Roque Hernández, Ramón Ventura 233

    Salas Guzmán, Manuel Ignacio 233

    Salas Torres, José María 234

    Salinas Escandon, Juan Manuel..................................... 234

UNIVERSIDAD
AUTÓNOMA de
TAMAULIPAS

VERDAD, BELLEZA, PROBIDAD

Facultad de Comercio, Administración
Y Ciencias Sociales de Nuevo Laredo

AGRADECIMIENTOS

Deseamos externar nuestro agradecimiento a todas las personas que nos han apoyado en la realización de nuestros trabajos de investigación, en primer lugar a nuestro rector el Contador Carlos Enrique Etienne Pérez del Río, por su política de apoyo e impulso a la investigación en nuestra máxima casa de estudios.

También agradecemos a las autoridades del Departamento de Investigación y Posgrado de la Universidad Autónoma de Tamaulipas los Doctores José Luis Pariente Fragoso, José Alberto Ramírez de León, Frida Caballero por sus orientaciones y apoyo incondicional para la realización de estancias de investigación, participación en congresos nacionales e internacionales y todo lo relacionado con las cuestiones investigativas.

No menos importante ha sido el apoyo recibido por nuestras autoridades locales, principalmente nuestro Director el Maestro Luis Hernán Lope Díaz, quien ha demostrado su compromiso con quienes deseamos realizar investigación en nuestras áreas de conocimiento, apoyando la investigación en nuestra facultad con todo lo que está a su alcance, como participación en eventos académicos, edición y publicación de trabajos de calidad de nuestras investigaciones.

Para todos ellos vaya nuestro más sincero reconocimiento y agradecimiento.

INTRODUCCIÓN

"Administración informática y Sustentabilidad"

Aunque existen diferentes definiciones del término "informática", una de las más extendidas alude al estudio del tratamiento automático y racional de la información. Existen tres elementos indispensables para que este tratamiento pueda realizarse: el hardware, el software y el elemento humano, los cuales, a su vez son los pilares sobre los que se sustenta cualquier enfoque informático.

El tratamiento de la información es automático porque se utilizan equipos (hardware) para adquirir datos, procesarlos y presentarlos. Es racional porque para realizar este proceso se requieren programas (software) que incorporan algoritmos para la solución de problemas. Por otra parte, de poco serviría el hardware y el software sin el personal que los implementa y administra, o sin los usuarios, quienes, con sus requerimientos de información le dan sentido a la existencia de la informática.

El hardware, el software y el personal humano son recursos valiosos que requieren administrarse para obtener el máximo provecho de su potencial. La buena administración de estos elementos garantiza que su coexistencia sea armónica y que su desempeño esté orientado a objetivos concretos que eviten el despilfarro y promuevan la eficiencia y la eficacia en el entorno en el que se encuentran.

Esta administración se presenta en la mayoría de las áreas del conocimiento como la salud, la educación, los negocios, el derecho, las telecomunicaciones, etc.

La generación de información especializada es cada vez más necesaria en áreas nuevas del conocimiento como el derecho ambiental. Esta rama requiere información de los recursos naturales a fin de lograr el equilibrio ambiental y promover la sustentabilidad. El derecho ambiental requiere información del monitoreo de la calidad atmosférica, contaminación del agua y el de especies en peligro de extinción. Es así como la correcta generación y administración de la información impacta no solo la sustentabilidad de los recursos naturales sino también la implementación del derecho ambiental.

PRESENTACIÓN

En este libro se muestran algunos trabajos que se iniciaron como ponencias en algún congreso, regional o nacional.

Como primer trabajo Ramón Ventura Roque Hernandez, Adán López Mendoza, Juan Antonio Herrera Izaguirre y Luis Hernán Lope Díaz presentamos el "Perfil Tecnológico de los alumnos de la carrera de Contaduría de la Facultad de Comercio, Administración y Ciencias Sociales de Nuevo Laredo", en donde se caracteriza que tan informatizados están los alumnos de esta carrera en nuestra facultad, los resultados se muestran desde una óptica descriptiva y relacional.

Posteriormente se presentan los resultados de la investigación "Scrum en la creación de aplicaciones móviles: un desarrollo experimental", trabajo realizado por Ramón V. Roque, Juan M. Salinas y Adán López Mendoza; en este documento se muestran los resultados de un experimento de algunos programadores participantes, todos ellos estudiantes universitarios de sistemas computacionales e informática, donde se les pidió que aprendieran y pusieran en práctica las herramientas necesarias para el desarrollo de aplicaciones móviles utilizando el entorno Eclipse con el lenguaje Java para Android y siguiendo los principios ágiles de Scrum. En la investigación se estudió a los programadores en su proceso de aprendizaje y desempeño durante el desarrollo de software.

En el siguiente capítulo Liliana Marlene Arriaga Huerta, Roberto Arreola Rivera y Mayra García Govea; nos hablan del "Turismo médico en México: área de oportunidad para el cluster on line profesional y pymes de salud", investigación de tipo descriptiva que muestra la oportunidad que existe en el área de la medicina, informática o sistemas y turismo, ya que en el vecino país del norte (Estados Unidos), 46 millones de sus habitantes viven con el temor de enfermarse, por no tener cobertura médica, por problemas económicos o laborales, actualmente no tienen cobertura médica los más necesitados y por sus altos costos en las consultas privadas y en los medicamentos, la población pobre junto a la que no califica para los programas de gobierno son las más desfavorables, se muestran datos estadísticos del Centro de Control y Prevención de Enfermedades (CDC) en este país, considerando las edades de 25 a 75 años, distribuidas en razas, clasificados por ingresos monetarios, sexos, por enfermedades, visitas al médico, visitas a la sala de emergencias de Estados Unidos y de Texas.

Después tenemos el trabajo titulado: "Breve panorama del comercio electrónico en China y México: de negocio a consumidor y de consumidor a consumidor" elaborado por Adán López Mendoza, Jesús Manuel Romero López, Ramón Ventura Roque Hernández y Juan Manuel Salinas Escandon, trabajo en el que se muestra un breve estudio comparativo del comercio electrónico de Negocio a Consumidor y de Consumidor a Consumidor en la República Popular China y México. Muestra algunas estadísticas generales de la Internet, cifras de las ventas de los sitios web de comercio electrónico, formas de pago y el marco legal al que se apega esta actividad. Si bien existen diferencias entre ambos países —sobre todo del tamaño de su mercado/ tamaño de la población— tienen algunas similitudes que permiten hacer la comparación y emitir algunas recomendaciones para el desarrollo del comercio electrónico en México.

Más adelante tenemos el documento que lleva por nombre "La transferencia informal de tecnologías de información de los académicos de las instituciones públicas de educación superior de Nuevo Laredo al sector de las pymes: caso de estudio" elaborado por Juan Manuel Salinas Escandon, Ramón Ventura Roque Hernández, Adán López Mendoza y Juan Antonio Herrera Izaguirre, es un trabajo en el que se expone un estudio exploratorio-cualitativo que pretende descubrir y entender el grado de propensión, características y expectativas académicas, así como descubrir si existe una correspondencia en cuanto al contenido de los programas de estudio de las Instituciones de Educación Superior (IES) y la transferencia de tecnología y/o conocimientos, que, de manera informal han fluido desde los académicos de las universidades públicas locales hacia las pequeñas y medianas empresas (PYMES) de Nuevo Laredo. Esto tiene dos propósitos, primero describir las características y razones de los académicos que se involucran en este tipo de transferencia informal de tecnología y, segundo, precisar si las temáticas de conocimiento en los planes de estudio de estas instituciones se ajustan a las necesidades informáticas de las PYMES locales.

En el capítulo número seis, la Maestra Ma. de Jesús Ponce Díaz, Roberto Arreola Rivera, Liliana Marlene Arriaga Huerta y Mayra Elena García Govea nos presentan "El origen de las micro, pequeñas y medianas empresas (mipyme´s) en la ciudad de Nuevo Laredo Tamaulipas: proceso empresarial o familiar", en esta investigación se muestran como algunos de los efectos que la globalización y las recurrentes crisis económicas, han despertado el interés hacia los eventos que inciden en el proceso empresarial, con el fin de posesionar y desarrollar mejores y nuevas empresas. Si bien son variados los actores y factores que deben considerarse en torno a la formación de empresas y empresarios; el objetivo de la presente investigación fue indagar si el origen de las empresas establecidas actualmente en la ciudad de Nuevo Laredo, Tamaulipas, estuvo asociado a un proceso empresarial.

En el siguiente apartado tenemos el capítulo que lleva por nombre "La sustentabilidad apoyada por la Inteligencia Ambiental" elaborada por Daniel Arredondo Salcedo, Abraham Esquivel Salas, Manuel Ignacio Salas Guzmán, José María Salas Torres; Profesores-Investigadores del Instituto Tecnológico Superior Zacatecas Norte, del laboratorio de Inteligencia Ambiental en el trabajo se muestran los Entornos Activos que integran muchos y variados dispositivos de cómputo (ubiquitous computing), dispersos e integrados de tal manera que pasan desapercibidos a los usuarios ofreciendo servicios personalizados y sensibles al contexto, con el objetivo de proporcionar asistencia y una mayor calidad de vida de sus ocupantes. Las expectativas y beneficios esperados de la computación ubicua traen consigo la responsabilidad de investigar como esta tecnología debe hacer más eficiente y racional el consumo de energía, tanto de los dispositivos inmersos en el entorno, como de sus ocupantes. La principal contribución, consiste en el desarrollo un Entorno Activo consciente de la localización y actividad de los usuarios, para el que se han desarrollado interfaces persona-ordenador que permiten una alta personalización, y que hace posible, que el entorno sea capaz de reaccionar apagando las luces o aquellos dispositivos electrónicos que estén en uso cuando un espacio está desocupado.

Posteriormente se presenta el material titulado: "Sustentabilidad: La Importancia del Derecho y Legislación Ambiental en la Conservación de los Recursos Naturales", elaborado por Juan Antonio Herrera Izaguirre, Ramón Roque Hernández y Adán López Mendoza. En este trabajo se aborda la importancia de los recursos naturales para la subsistencia del ser humano y del derecho ambiental como pauta para influir en la conducta del ser humano y para la protección de los mismos recursos. Se estructura de la siguiente manera, la sección 1, proporciona al lector conceptos relativos a la diversidad biológica, recursos naturales y la importancia de los mismos. La sección 2, empleados en la introducción, abunda sobre la definición del derecho ambiental e identifica la legislación ambiental empleada para conservar los recursos naturales.

En el siguiente trabajo titulado: Producción competitiva: ¿La Motivación y los Sistemas de Recompensa? Realizado por Mayra García Govea, Juan Antonio Herrera Izaguirre, Liliana Marlene Arriaga Huerta y Violeta Mangin Guixeras; analizan la motivación y sistemas de recompensas en empresas a nivel mundial. Resalta la importancia de estos factores en el capital humano en una empresa. Asimismo estudia el impacto de estos factores en la producción y competitividad de las empresas. Resalta la importancia del capital humano en la empresa, este es el factor primordial y el más difícil de gestionar en la empresa. Asimismo el factor humano es muy cambiante y se deben tener sistemas para identificar sus necesidades para poder fortalecerlo y por ende la empresa. Los autores opinan también que la teoría de Maslow y la Z, si son aplicadas efectivamente pueden incidir de manera positiva en la empresa.

Finalmente se presenta el capitulo 10 titulado "Aplicación y evaluación del Proceso Unificado de Desarrollo de Software" elaborado por Ramón Ventura Roque Hernández, Adán López Mendoza y Manuel Ignacio Salas Guzmán, en el que se muestran los resultados de una investigación que consistió en la aplicación y evaluación del Proceso Unificado de desarrollo de software en quince proyectos de corta duración y pocos requerimientos, desarrollados por equipos de trabajo pequeños. Cada equipo evaluó la metodología en sus aspectos metodológicos (facilidad de entenderla, facilidad de implementarla, facilidad de adaptarla) y de dinámica de trabajo (organización comunicación y motivación). Las evaluaciones muestran que los aspectos de la dinámica de trabajo fueron mejor calificados que los aspectos metodológicos. También se compararon estos resultados con otros obtenidos previamente para los mismos aspectos para las metodologías ágiles Programación Extrema (XP) y Scrum. Se condujeron pruebas estadísticas no paramétricas de Mann-Whitney y los resultados mostraron que el PU resultó mejor evaluado que XP y Scrum en la dinámica de trabajo y de manera particular en la organización lograda por el equipo de desarrollo. Por otra parte, el PU obtuvo una evaluación menor que Scrum en la facilidad de adaptación de la metodología.

Esperamos que los temas tratados en este libro sean del agrado y provecho del lector.

Adán López Mendoza
Ramón Ventura Roque Hernández
Juan Manuel Salinas Escandon
Coordinadores
Invierno 2014

CAPITULO I

Perfil Tecnológico de los Estudiantes Universitarios de la Carrera de Contador Público: un Estudio de Caso

Ramón Ventura Roque Hernández
Adán López Mendoza
Juan Antonio Herrera Izaguirre
Luis Hernán Lope Díaz

Introducción

Un perfil tecnológico es un conjunto de características que proporcionan información sobre el uso de la tecnología en un grupo específico de personas. Estos perfiles pueden privilegiar ciertos aspectos sobre otros de acuerdo a los objetivos concretos de la investigación que pretende desarrollarlos. Por ejemplo, además de caracterizar al grupo de estudio, se podría enfatizar el uso de recursos en ciertas áreas de interés como: internet, dispositivos móviles, capacitación virtual, etc.

Los perfiles tecnológicos tienen una alta importancia en el área de negocios ya que permiten determinar los comportamientos de una audiencia destino; de esta manera, el esfuerzo para establecer comunicación con el grupo de estudio puede canalizarse de tal manera que esté alineado con las preferencias, costumbres y medios que sus miembros utilizan más. Conocer las características de los grupos resulta útil para lograr estrategias de acción y comunicación efectivas.

En este trabajo se presentan los resultados de la etapa inicial de una investigación cuyo objetivo es caracterizar el perfil tecnológico de los estudiantes universitarios de la carrera de Contador Público en la ciudad fronteriza de Nuevo Laredo, Tamaulipas. En un primer acercamiento, se encuestó a estudiantes de la carrera de Contador Público de la Universidad Autónoma de Tamaulipas (UAT) en la Facultad de Comercio, Administración y Ciencias Sociales de Nuevo Laredo, Tamaulipas, México (FCACS). Los resultados obtenidos si bien pueden utilizarse para distintas finalidades, proporcionan un panorama que no debe ser ignorado en los procesos didácticos y de comunicación académica y administrativa.

El trabajo está organizado de la siguiente manera: primero se abordan los antecedentes de los perfiles tecnológicos, luego se explica la metodología utilizada, posteriormente se muestra el cuestionario para la recolección de datos, luego se resumen los resultados obtenidos y finalmente se presentan las conclusiones y trabajos futuros.

Antecedentes

Con el advenimiento de la popularidad de las redes sociales, el proceso de creación de un perfil de comunicación ha perdido casi toda complejidad técnica. Elegir un nombre de usuario y proporcionar una cuenta de correo electrónico son, en muchos casos, actividades suficientes para obtener acceso completo a estos servicios. Administrar contenidos, dosificarlos y presentarlos apropiadamente son tareas mucho más complejas que involucran un conocimiento de la audiencia a quien se dirige la comunicación, la cual, idealmente debería contener mensajes de productos, servicios o eventos derivados de estrategias meticulosamente diseñadas de acuerdo a las características y necesidades de la audiencia destino.

El ingreso a cualquiera de los medios sociales también requiere de una auto-evaluación para determinar claramente el papel que se desea desempeñar en ellos (Murillo, 2010). Como la interacción en estos medios se desarrolla sobre plataformas tecnológicas, la evaluación y el conocimiento de los individuos involucrados incluye obligadamente la elaboración de perfiles con aspectos tecnológicos; ignorarlos puede ocasionar la toma de decisiones equivocadas y el fracaso de cualquier estrategia de comunicación (Céspedes, 2014).

Un perfil tecnológico es una herramienta que proporciona información cuantitativa sobre las características y comportamientos relacionados con la tecnología de un grupo de personas. Estos perfiles generalmente están basados en estadística descriptiva y permiten contar con elementos orientadores en la toma de decisiones importantes. A nivel mundial, de manera periódica se realizan estudios cuyo objetivo es describir tecnológicamente a la población de distintos países y dar a conocer públicamente los resultados. México (AMIPCI, 2014), España (ONTSI, 2013), Uruguay (Grupo Radar, 2014) y Brasil (Sales, 2012) son algunos países sobre los que existen procesos documentados en los últimos años. En el caso particular de España, este tipo de estudios se conducen regularmente entre la población desde 1996 (AIMC, 2014).

Metodología

El primer paso para realizar esta investigación se centró en la elaboración de una revisión bibliográfica para determinar las características de distintos perfiles de internet así como las preguntas que se incluían en ellos. En la siguiente etapa de este trabajo se analizaron las preguntas y categorías que se incluían en estos perfiles; luego éstas se seleccionaron y adaptaron a la población estudiantil que sería objeto de estudio y se incorporaron algunas interrogantes de interés particular en donde convergen el entorno académico y el uso del internet. Este proceso dio como resultado un instrumento de recolección de datos que se presenta con detalle en el siguiente apartado.

Como una primera fase del trabajo de campo de esta investigación, se inició con la aplicación de un cuestionario a una muestra (Zikmund & Barry, 2012) de los alumnos de la carrera de Contador Público de la Facultad de Comercio, Administración y Ciencias Sociales en la Universidad Autónoma de Tamaulipas, México. Para lo cual, se consultó el sistema de información universitario para determinar que el número total de alumnos inscritos en la carrera era de 541. Con esta información se calculó el número de la muestra necesario (246 estudiantes) para tener un nivel de confianza de 95%. El número de alumnos encuestados fue distribuido proporcionalmente en ambos turnos de la carrera a lo largo de los distintos semestres. Una vez que se aplicaron los cuestionarios, los datos fueron capturados en el software SPSS (Field, 2013) en donde posteriormente fueron analizados. Se utilizó estadística descriptiva para caracterizar la muestra obtenida y pruebas de dependencia Xi Cuadrada (Anderson, Sweeney, & Williams, 2011) para establecer relación entre las variables estudiadas.

Cuestionario

Las preguntas del cuestionario fueron organizadas en las siguientes categorías: datos demográficos, presencia de equipos en el hogar, uso de la conexión a internet, uso del correo electrónico, uso general del internet y uso del internet como herramienta para la actividad escolar.

Las preguntas que se incluyeron en cada categoría se muestran en la Tabla 1.

Categoría	Preguntas
Datos demográficos	Género, edad, estado civil, semestre, turno.
Presencia de equipos en el hogar	¿Hay alguna computadora en su hogar? ¿Qué tipos de equipos de cómputo hay en su hogar? ¿Con que accesorios periféricos cuenta usted en su hogar?
Uso de la conexión a internet	¿Desde dónde se conecta a internet regularmente? ¿En el último semestre ha utilizado dispositivos móviles para conectarse a internet? ¿Qué tipo de conexión a internet tiene en casa? ¿Cuánto tiempo hace que usted es usuario de internet? En los últimos siete días, ¿Cuánto tiempo en total se conectó a internet? ¿En qué horario se conecta habitualmente?
Uso del correo electrónico	¿Cuántas cuentas de correo electrónico tiene? ¿En qué servidores tiene sus cuentas de correo? ¿Con qué frecuencia lee o envía sus correos electrónicos?

Uso general del internet	¿Qué uso le dio al internet el último semestre?
	¿Cuál es el uso principal que le da a internet?
	¿Ha comprado alguna vez por internet?
	Si ha comprado, ¿Con qué frecuencia ha comprado por internet en los últimos 12 meses?
	Si no ha comprado, ¿Por qué nunca compra por internet?
	¿Es usuario de redes sociales?
	Si es usuario, ¿en cuáles redes sociales tiene un perfil activo?
Uso del internet como herramienta para la actividad escolar	¿Ha usado usted las redes sociales para fines educativos?
	¿Cómo usa usted las redes sociales para fines educativos?
	¿Qué herramientas de búsqueda ha utilizado como ayuda para su actividad escolar?
	¿En su estancia en la UAT ha usado la plataforma Blackboard (Campus en línea) de la U.A.T.?
	¿En cuántas materias usó la plataforma Blackboard (Campus en línea de la U.A.T) el semestre pasado?
	Como parte de su carrera, ¿le gustaría tener la opción de cursar materias completamente en línea?
	Como parte de su carrera, ¿le gustaría que se organizaran eventos virtuales como por ejemplo vídeo conferencias, las cuales se pudieran ver en vivo o grabadas desde cualquier parte con acceso a internet?
	Adicionalmente a las materias de su carrera, ¿tomaría un curso de actualización de su profesión en línea?

Tabla 1. Preguntas incluidas en el cuestionario.

Resultados obtenidos

Estadística descriptiva

En este apartado se presenta la estadística descriptiva de las respuestas obtenidas al cuestionario aplicado. Los resultados están categorizados de acuerdo a la organización de las preguntas del cuestionario que se muestra en la Tabla 1. Las tablas que presentan porcentajes totales mayores al 100% corresponden a preguntas que podían contestarse con más de una respuesta a la vez. Las tablas cuyos porcentajes totales son menores al 100% corresponden a preguntas que tuvieron respuestas inválidas.

Datos demográficos.

Los alumnos encuestados son predominantemente jóvenes solteros y menores 24 años (84%). Resulta interesante destacar que casi la cuarta parte de ellos está o ha estado casado o vive en unión libre con alguien.

De los participantes de esta investigación, el 44% son del turno matutino y 56% del turno vespertino. El 50% de los encuestados son hombres y el 50% son mujeres. Sus edades son las siguientes: menores de 20 años (39%), entre 21 y 24 años (45%), y entre 25 y 30 años (12%). Solamente el 4% de los encuestados son mayores de 30 años. En cuanto al estado civil, el 77% de los participantes son solteros, el 14% son casados y el 6% vive en unión libre.

Presencia de equipos de cómputo en el hogar

En los resultados de las encuestas se observó que el 92.2% de los alumnos tienen por lo menos una computadora de cualquier tipo en casa (ver Tabla 2). Aunque es predominante la presencia de equipos de escritorio en el hogar (73.8%), es importante poner en relieve la presencia de los equipos móviles: celular inteligente (50.2%), computadora portátil (46.4%), tableta (13.9%). Cabe destacar la proliferación de los celulares inteligentes incluso sobre las computadoras portátiles, lo que proporciona un panorama fértil para la conexión ubicua. Por otra parte, las tabletas, al ser una tecnología emergente, aún no son adoptadas por la mayoría de los estudiantes.

Otra característica interesante es que la mayoría de los encuestados cuentan con una cámara web (56.1%), lo que les permite participar en enlaces con vídeo. Sin embargo, apenas el 29.1% tiene micrófono; esto exhibe un panorama en el que las conferencias y llamadas por internet se podrían realizar con audio y vídeo con menos de la tercera parte de los participantes del estudio.

Tipo de equipo de cómputo	Porcentaje de los encuestados
Computadora de cualquier tipo en su casa	92.2%
Computadora de escritorio	73.8%
Grabador de discos compactos (CD)	58.6%

Impresora	58.6%
Cámara web	56.1%
Celular inteligente	50.2%
Conectividad inalámbrica	48.1%
Computadora portátil	46.4%
Digitalizador de imágenes (scanner)	45.1%
Micrófono	29.1%
Tableta	13.9%

Tabla 2. Equipo de cómputo en el hogar.

Uso de la conexión a internet

Resulta interesante analizar que el 86% de los encuestados tiene internet en casa y se conecta a internet habitualmente desde ahí (Tabla 3). También se encontró que el proveedor de servicio de internet más popular en las conexiones domésticas es Prodigy Infinitum de Telmex (62.8%), lo que demuestra que los planes que ofrece son atractivos en precio, conveniencia o características (Tabla 4). Además de su conexión doméstica, el 81.7% de los estudiantes admitió haber utilizado por lo menos un dispositivo móvil para acceder a internet en el último semestre.

Por otra parte, llama la atención que solamente el 35.2% acceda a la red desde su lugar de estudios (FCACS). Esto puede deberse a los problemas técnicos relacionados con el internet con los que cuenta la facultad: el ancho de banda es limitado y el número de usuarios suele ser alto, especialmente en horario pico. Resultaría benéfico que este porcentaje se incrementara y se brindaran mayores opciones para el uso del internet desde el campus. Por otra parte, por lo menos la cuarta parte de los alumnos utiliza lugares públicos (25.4%) y cyber cafés (20.5%) para conectarse a la red, lo que indica que los alumnos usan el internet incluso fuera de sus zonas de actividad cotidianas.

Lugar desde el que se conecta	Porcentaje de los encuestados
El hogar	85.7%
La casa de amigos	39.3%
Lugar de estudios	35.2%

El trabajo	32.4%
Lugares públicos	25.4%
Cyber cafés	20.5%

Tabla 3. Lugares de conexión habitual a internet.

Tipo de conexión a internet que tiene en casa	Porcentaje de los encuestados
Prodigy Infinitum	62.8%
Ninguna	14.1%
Otra diferente a estas opciones	8.1%
Internet móvil	7.7%
Cyber Cable	5.1%
No sabe	1.3
Aire Cable	0.9%

Tabla 4. Tipo de conexión a internet en casa.

Los encuestados tienen en su mayoría entre 1 y 10 años de experiencia en el uso de internet (Tabla 5): el 44.4% tiene de 1 a 5 años de ser usuario, mientras que el 34% lo es desde hace 6 a 10 años. Por otra parte, la investigación reveló que los usuarios en su mayoría pasan menos de tres horas diarias conectados a internet (Tabla 6): El 2% ni siquiera se conectó, mientras que el 51.2% estuvo conectado como máximo 5 horas, el 17.2% se conectó entre 5 y 10 horas y el 29.5% se conectó más de 10 horas. Esto muestra un escenario en el que los estudiantes tienen una experiencia destacable como usuarios de internet a lo largo de los años, sin embargo, su tiempo de conexión semanal se encuentra en un nivel bajo o regular. Otro factor a considerar con cautela es la sinceridad de las respuestas debidas a la percepción propia del tiempo frente a la computadora: esto es, que los encuestados estén conectados más horas de las que reportan porque pierden la noción del tiempo mientras permanecen en internet, situación que suele ser común entre los jóvenes de su edad.

En lo referente al horario de conexión (Tabla 7), llama la atención que los estudiantes admiten conectarse indistintamente durante el día (40.2%), mientras que el 62.2% lo hace solamente por la tarde o la noche. La franja horaria menos propensa a conexiones resulta ser la matutina (17%).

Tiempo de ser usuario de internet	Porcentaje de los encuestados
1 a 5 años	44.4%
6 a 10 años	34%
11 a 15 años	14.5%
Más de 15 años	1./%

Tabla 5. Experiencia en el uso del internet

Tiempo total de conexión a internet en los últimos siete días	Porcentaje de los encuestados
No se conectó	2%
Menos de una hora	7%
1 a 2 horas	17.6%
2.01 a 5 horas	26.6%
5.01 a 10 horas	17.2%
10.01 a 20 horas	14.3%
Más de 20 horas	15.2%

Tabla 6. Tiempo de conexión a internet en los últimos siete días.

Horario de conexión	Porcentaje de los encuestados
Por la mañana	17%
Por la tarde	26.1%
Por la noche	36.1%
Indistintamente	40.2%

Tabla 7. Horario de conexión a la red.

Uso del correo electrónico

El estudio conducido muestra que los estudiantes tienen en su mayoría uno (42.3%) o dos (45.6%) buzones (cuentas) de correo electrónico, tal como se muestra en la Tabla 8 y que el principal servidor de correo (Tabla 9) es Hotmail (92.6%), apenas seguido por Gmail (28.3%) y MSN (18.9%). Es importante resaltar la poca frecuencia con la que los encuestados acceden a sus buzones de correo electrónico: El 60.6% de los encuestados no revisan sus correos durante días completos. El 18.3% lo hace apenas una sola vez al día y el 21.2% lo hace dos o más veces durante el día. Esto es un indicador importante de que las comunicaciones enviadas por correo electrónico pueden no ser atendidas oportunamente.

Número de buzones de correo electrónico	Porcentaje de los encuestados
Ninguna	1.3%
Una	42.3%
Dos	45.6%
Más de dos	10.9%

Tabla 8. Número de buzones de correo electrónico.

Servidor donde tiene su buzón de correo	Porcentaje de los encuestados
Hotmail	92.6%
Gmail	28.3%
Msn	18.9%
Live	13.9%
Outlook	7.4%
Yahoo	6.6%

Tabla 9. Servidores donde tiene su buzón de correo electrónico.

Frecuencia con la que lee o envía correos electrónicos	Porcentaje de los encuestados
Muy poca. Pasan días sin acceder el correo.	60.6%
Una vez al día	18.3%
Dos veces al día	7.1%
Tres veces al día	5.4%
Más de tres veces al día	8.7%

Tabla 10. Frecuencia de acceso al correo electrónico.

Uso general del internet

El internet permanece como una herramienta primordial de búsqueda de información. Así lo demuestran las respuestas a dos preguntas realizadas: ¿Qué usos le dio al internet en el último semestre? (Tabla 11) y ¿Cuál fue el uso principal que le dio al internet en el último semestre? (Tabla 12). Se destaca en ambos casos que las redes sociales han tenido un impacto muy fuerte entre los estudiantes encuestados: el 86.1% usó el internet para acceder a ellas como parte de su rutina en línea, mientras que el 28.3% las reconoció como su actividad principal en internet durante el último semestre. En ambos casos, las redes sociales se situaron en segundo lugar en la lista de actividades más importantes de los alumnos, justo sobre el correo electrónico que en ambos casos ocupó el tercer lugar y del chat, que ocupó el cuarto lugar.

Facebook ha acaparado al 95% de los encuestados, quienes cuentan con un perfil activo (Tabla 13). Ninguna otra red social se iguala en popularidad. Los estudiantes que tienen perfiles en Twitter y Google+ son el 29% y el 27.6% respectivamente. Estos datos inducen a considerar seriamente a Facebook como medio de comunicación académica y administrativa, incluso sobre el correo electrónico.

Por otra parte, llama la atención que aún estudiando la carrera de Contador Público, el porcentaje de personas que realizan transacciones bancarias en línea es reducido (12.3%), así como el porcentaje de personas que realizan compra venta por internet (17.2%). Para esta carrera deberían promoverse ambas actividades, ofreciendo información sobre las posibilidades que proporcionan los portales y las ventajas de este tipo de movimientos, sin dejar de mencionar los aspectos básicos de seguridad que se deben tomar en cuenta.

En cuanto a los encuestados que admitieron realizar compras por internet en los últimos doce meses (Tabla 14), el 39.5% de las personas concretó una compra, el 43.2% hizo de dos a cuatro y el 17.2% hizo más de cuatro. Cuando se cuestionó a las personas que no compran por internet la razón por la que no lo hacen (Tabla 15), la principal causa fue la desconfianza en la entrega de los productos (40%), seguida del desinterés por realizar este tipo de compras (17.4%).

Usos que le dio al internet en el último semestre	Porcentaje de los encuestados
Búsqueda de información	91.8%
Facebook y otras redes sociales	86.1%
Correo electrónico	71.7%
Chat	63.5%
Vídeos	59.4%

Descargar música	54.5%
Leer noticias	48.4%
Descargar libros	34.6%
Descargar software	29.5%
Plataformas educativas	21.4%
Juegos en línea	21.0%
Compra venta por internet	17.2%
Escuchar la radio por internet	16.0%
Ver televisión	13.9%
Transacciones bancarias	12.3%
Llamadas por internet	9.4%
Foros	8.6%
Sitios para adultos	4.9%

Tabla 11. Usos del internet en el último semestre.

Uso principal que le dio al internet en el último semestre	Porcentaje de los encuestados
Búsqueda de información	45.9%
Facebook y otras redes sociales	28.3%
Enviar y recibir correo electrónico	10.1%
Chat	8.2%
Descargar música	2.5%
Leer noticias y temas de actualidad	1.9%
Descargar software	1.3%
Ver vídeos	0.6%
Descargar libros y material didáctico	0.6%
Plataformas educativas	0.6%

Tabla 12. Uso principal del internet en el último semestre.

Red social utilizada	Porcentaje de los encuestados
Facebook	95%
Twitter	29%
Google+	27.6%
Hi5	9.8%
My space	6.7%
Otro	4.9%

Tabla 13. Redes sociales utilizadas.

Frecuencia de compras por internet en los últimos 12 meses.	Porcentaje de los encuestados
Una vez	39.5%
Dos a cuatro veces	43.2%
Más de cuatro veces	17.2%

Tabla 14. Frecuencia de compras por
internet en los últimos doce meses.

Razón por la que no compra por internet	Porcentaje de los encuestados
Desconfía de la entrega	40%
No le interesa	17.4%
Prefiere ver el producto en persona	14.8%
No tiene tarjeta	10.4%
No sabe cómo funciona el proceso	6.1%
Desconfía de las tarjetas de crédito	5.2%
Le resulta incómodo	2.6%
No sabe la razón	1.7%
Otras razones	1.7%

Tabla 15. Razones por las que no compra por internet.

Uso de internet como herramienta para la actividad escolar

En la investigación quedó en claro la penetración que han tenido las redes sociales, particularmente Facebook, en la vida de los estudiantes encuestados. Con el objetivo de conocer más sobre la utilidad educativa de estas redes, se cuestionó a los participantes sobre el uso académico que le dan a su perfil (Tabla 16). Casi todos los participantes (91.3%) utilizan estas redes para estar en contacto con sus compañeros y compartir información de las clases que toman juntos. Resulta de particular importancia que el 55% de los alumnos han entregado trabajos utilizando una red social en lugar de algún otro medio electrónico, incluso fuera del medio oficial universitario (campus en línea Blackboard). El 54.5% de los alumnos está en contacto con sus profesores mediante las redes sociales, aunque no es la mayoría (13%) la que les ha solicitado en alguna ocasión asesoría por estos medios. Otro dato particularmente interesante es el alto porcentaje de alumnos (46.8%) que han solicitado información académica por las redes. Estas cifras ponen en evidencia que la actividad académica ha traspasado los portales educativos y se lleva a cabo también desde las redes sociales. Este hecho debe ser considerado de manera especial al definir las estrategias didácticas y de comunicación con los alumnos.

Por otra parte, el estudio también reveló que los alumnos siguen utilizando Google (97.4%) como herramienta principal de búsqueda (Tabla 17) y que en la mayoría de las materias que cursaron el semestre pasado (68%) no utilizaron el campus en línea (Tabla 18). Es interesante darse cuenta que casi la tercera parte de los estudiantes (31.9%) ha usado YouTube como herramienta académica.

Durante la investigación, también se cuestionó sobre la postura acerca de varios escenarios académicos relacionados con el uso de internet. Quedó al descubierto que aunque la mayoría de los estudiantes estaría, en algún nivel, de acuerdo en cursar materias de su carrera totalmente en línea (64.6%) (Tabla 19), por otra parte, el 72.2% definitivamente tomaría cursos en línea si éstos fueran únicamente de actualización profesional y no parte de la retícula de su carrera, mientras que el 25.7% tal vez los cursaría (Tabla 20). Estas cifras muestran una valoración positiva de la figura presencial del docente en la formación del alumno durante su carrera profesional; al mismo tiempo que posicionan a los cursos en línea como una herramienta complementaria de crecimiento. Por otra parte, el 80% de los encuestados manifestaron estar de acuerdo en que se organizaran eventos virtuales que fueran transmitidos en vivo o bajo demanda como parte de las actividades de apoyo a su carrera (Tabla 21). Esto demuestra que los alumnos están abiertos a participar en nuevas posibilidades tecnológicas que apoyen su formación.

Uso de las redes sociales para fines educativos	Porcentaje de los encuestados
Contacto entre compañeros para información de clases	91.3%
Entrega de trabajos	55%
Contacto con maestros para información de clases	54.5%
Solicitud de información académica	46.8%
Asesorías	13%

Tabla 16. Uso de las redes sociales para fines educativos.

Herramienta de búsqueda para la actividad escolar	Porcentaje de los encuestados
Google	97.4%
YouTube	31.9%
Yahoo	21.1%
Bing	4.3%
Otros	2.6%

Tabla 17. Herramientas de búsqueda
utilizadas para la actividad escolar.

Número de materias en las que usó Blackboard (campus en línea de la UAT) el semestre pasado	Porcentaje de los encuestados
0	68%
1	13%
2	8.5%
3 o más	10.5%

Tabla 18. Número de materias en las que se
usó Blackboard el semestre pasado.

¿Le gustaría tener la posibilidad de cursar materias de su carrera totalmente en línea?	Porcentaje de los encuestados
Totalmente de acuerdo	36.7%
De acuerdo	27.9%
Ni en acuerdo ni en desacuerdo	21.24%
En desacuerdo	10.5%
Totalmente en desacuerdo	3.5%

Tabla 19. Postura frente a la posibilidad de cursar
materias de la carrera totalmente en línea.

¿Si se ofreciera un curso de actualización de su profesión adicional a las materias de su carrera y fuera totalmente en línea, lo cursaría?	Porcentaje de los encuestados
Sí	72.2%
Tal vez	25.7%
No	2.2%

Tabla 20. Postura frente a la posibilidad de tomar un
curso de actualización profesional adicional a la carrera.

¿Le gustaría que, como parte de apoyo a su carrera se organizaran eventos virtuales como por ejemplo vídeo conferencias las cuales pudiera ver en vivo o grabadas desde cualquier parte con acceso a internet?	Porcentaje de los encuestados
Totalmente de acuerdo	46.3%
De acuerdo	33.6%
Ni en acuerdo ni en desacuerdo	14.4%
En desacuerdo	4.4%
Totalmente en desacuerdo	1.3%

Tabla 21. Postura frente a la posibilidad de acceder
a eventos virtuales como parte de su carrera.

Pruebas de independencia

En esta primera fase del estudio también se realizaron pruebas Xi Cuadrada con el objetivo de conocer si existe evidencia para determinar las dependencias descritas en la Tabla 22. Para cada análisis realizado, solamente se consideraron los datos válidos para ambas variables. Para cada prueba se fijó un nivel de significancia de .05.

Identificador de la prueba Xi Cuadrada	Dependencias estudiadas en las pruebas	Hipótesis planteadas	Resultados
1	El semestre que cursan los alumnos y su disposición para participar en eventos virtuales relacionados con su carrera que fueran organizados por su casa de estudios.	H_0: No existe dependencia entre la ubicación de los alumnos a lo largo de los semestres de la carrera y su disposición para participar en eventos virtuales. H_a: Existe dependencia entre la ubicación de los alumnos a lo largo de los semestres de la carrera y su disposición para participar en eventos virtuales.	$X^2 = 8.573$ PValue = .003
2	El semestre que cursan los alumnos y el uso educativo que le dan a las redes sociales.	H_0: No existe dependencia entre la ubicación de los alumnos a lo largo de los semestres de la carrera y el uso educativo de redes sociales. H_a: Existe dependencia entre la ubicación de los alumnos a lo largo de los semestres de la carrera y el uso educativo de redes sociales.	$X^2 = 4.681$ PValue =.031

3	El hecho de tener un dispositivo móvil (celular o tableta) y el hecho de realizar compras por internet.	H_0: No existe dependencia entre tener dispositivos móviles y realizar compras por internet. H_a: Existe dependencia entre tener dispositivos móviles y realizar compras por internet.	$X^2 = 13.680$ PValue = 0.00021
4	El hecho de tener un dispositivo móvil (celular o tableta) y el tiempo de ser usuario de internet.	H_0: No existe dependencia entre tener dispositivos móviles y realizar compras por internet. H_a: Existe dependencia entre tener dispositivos móviles y realizar compras por internet.	$X^2 = 10.090$ PValue = .001

Tabla 22. Pruebas Xi Cuadrada realizadas.

Para las pruebas 1 y 2 de la tabla 22, se dividió a los alumnos en dos grupos: los que cursaban la primera mitad de la carrera (semestres 1, 2, 3 y 4) y aquellos que cursaban la segunda mitad (semestres 5, 6, 7 y 8). Para la prueba 1 se obtuvo la tabla de contingencia de la Tabla 23, con un PValue = .003 por lo que se concluye que sí existe dependencia entre la ubicación de los alumnos en los semestres de la carrera y su disposición para participar en eventos virtuales. Los alumnos de los últimos semestres mostraron mayor disposición para participar en los eventos virtuales organizados por su universidad.

	No participarían en eventos virtuales	Sí participarían en eventos virtuales	Total
Primera mitad de la carrera	25	58	83 (36.73%)
Segunda mitad de la carrera	20	123	143 (63.27%)
Total $X^2 = 8.573$, PValue = .003	45 (19.91%)	181 (80.09%)	226

Tabla 23. Tabla de contingencia: Ubicación de los alumnos en la carrera y disposición para participar en eventos virtuales.

Para la prueba 2 de la Tabla 22, se obtuvo la tabla de contingencia de la Tabla 24, con un PValue = .031, lo que indica que puede concluirse que sí existe dependencia entre la ubicación de los alumnos en los semestres de la carrera y el uso educativo que le dan a sus perfiles de las redes sociales. Los alumnos que cursan la segunda mitad de la carrera son quienes más utilizan las redes sociales con fines educativos.

	No usa las redes sociales con fines educativos	Sí usa las redes sociales con fines educativos	Total
Primera mitad de la carrera	10	75	85 (37.29%)
Segunda mitad de la carrera	6	137	143 (62.71%)
Total $X^2 =4.681$, PValue = .031.	16 (7.01%)	212 (92.99%)	228

Tabla 24. Tabla de contingencia: Ubicación de los alumnos en la carrera y el uso de las redes sociales para la educación.

La tabla de contingencia de la Tabla 25 corresponde a la prueba 3 de la Tabla 22, para la cual se obtuvo un PValue = 0.0002, por lo que puede concluirse que sí existe dependencia entre tener un dispositivo móvil (en este contexto, definido como celular inteligente o tableta) y realizar compras por internet. Aunque la mayoría no compra por internet, quienes poseen un celular o una tableta son más propensos a realizar compras en línea que aquellos que no poseen un equipo móvil.

	No compra por internet	Sí compra por internet	Total
No tiene dispositivo móvil	75	22	97 (43.89%)
Sí tiene dispositivo móvil	66	58	124 (56.11%)
Total $X^2 =13.680$, PValue = .0002	141 (63.80%)	80 (36.20%)	221

Tabla 25. Tabla de contingencia: Dispositivos móviles (tabletas o teléfono inteligente) y compras en línea.

La Tabla 26 muestra la tabla de contingencia correspondiente a la prueba 4 descrita en la Tabla 22, en la cual se obtuvo un PValue = .001, por lo que se puede concluir que sí existe dependencia entre tener un dispositivo móvil (celular inteligente o tableta) y el tiempo de ser usuario de Internet. Se observa que la mayoría de los alumnos que no tienen dispositivo móvil son quienes tienen menor tiempo de ser usuarios de internet. Por otra parte, la mayoría de los alumnos que sí cuentan con dispositivo móvil son aquellos que llevan más de 5 años utilizando el internet.

	5 años o menos de ser usuario de internet	Más de 5 años de ser usuario de internet	Total
No tiene dispositivo móvil	64	39	103 (44.02%)
Sí tiene dispositivo móvil	54	77	131 (55.98%)
Total $X^2 = 10.090$, PValue = .001	118 (50.43%)	116 (49.57%)	234

Tabla 26: Tabla de contingencia: Posesión de dispositivos móviles y tiempo de ser usuario de internet.

Conclusiones y trabajos futuros

En este trabajo se presentaron los resultados iniciales de una investigación realizada con el objetivo de describir el perfil tecnológico de los estudiantes universitarios de la carrera de Contador Público en Nuevo Laredo, Tamaulipas, México. Los resultados preliminares derivaron de la aplicación de un cuestionario a los estudiantes de esta carrera en la Facultad de Comercio, Administración y Ciencias Sociales de Nuevo Laredo, Tamaulipas, México (FCACS) de la Universidad Autónoma de Tamaulipas (UAT).

La investigación reveló datos y relaciones importantes que deberían considerarse seriamente en el diseño de procesos educativos y de comunicación académica y administrativa. Por ejemplo: la mitad de los alumnos tiene un celular inteligente o una computadora portátil. El 81% de los encuestados admitió haber usado por lo menos una vez algún dispositivo móvil para conectarse a internet en los últimos seis meses. Más de las tres cuartas partes de los alumnos tienen acceso a internet en su casa. La tercera parte de los alumnos tiene el equipo de cómputo suficiente para realizar vídeo conferencias o vídeo-llamadas. Estos datos muestran a unos alumnos que viven una realidad tecnológica móvil y conectada.

Los alumnos no acceden a sus buzones de correo electrónico tan frecuentemente como se pudiera esperar: más de la mitad no revisa sus mensajes durante días; por el contrario, prefieren comunicarse mediante las redes sociales, especialmente Facebook, en donde el 95% de los encuestados tiene un perfil activo. Las redes sociales se han convertido en un aliado en la vida académica de los estudiantes y han servido lo mismo para contactar a maestros y compañeros que para entregar trabajos o solicitar información.

Es extraño que los alumnos de la carrera de Contador Público manifiesten desinterés por realizar transacciones bancarias en línea y operaciones de compra venta. La principal razón expresada fue la desconfianza. Quizá con una adecuada capacitación y acciones de promoción, ellos incrementen el uso de estos medios y los adopten como aliados en su desempeño profesional.

Por otra parte, en el ámbito académico, los estudiantes valoran positivamente la presencia de los maestros durante su carrera, y no les agradaría tanto cursar materias de la retícula totalmente en línea. Sin embargo, sí estarían de acuerdo en tomar cursos de actualización que se llevaran a cabo como complemento de su carrera. También se mostraron de acuerdo en participar en eventos virtuales como apoyo a su formación.

Los alumnos de la segunda mitad de la carrera son quienes más propensión tienen para ser participantes de eventos virtuales afines a su carrera y organizados por su casa de estudios. Estos alumnos también son quienes más uso le dan a las redes sociales con fines educativos.

En cuanto al perfil de internet de los estudiantes, se encontró que la mayoría no realiza compras por internet, pero quienes poseen un celular o una tableta son más proclives a realizar estas adquisiciones en línea que aquellos que no poseen un equipo móvil. También se encontró que la mayoría de los alumnos que no tienen dispositivo móvil son quienes han sido usuarios de internet por menos tiempo. Por otra parte, la mayoría de los alumnos que sí cuentan con dispositivo móvil son aquellos que llevan más de 5 años utilizando el internet. Estos hechos invitan a reflexionar en que se debe promover entre los estudiantes el uso de tecnologías móviles y de internet para fortalecer la cultura informática con actividades que puedan realizarse de manera conectada y ubicua.

Este trabajo representa un punto de partida para una investigación de mayor alcance. Los resultados obtenidos proporcionan orientaciones útiles para entender las tendencias en el comportamiento tecnológico de los estudiantes de las carreras contables, quienes, sin ser expertos en el área de informática, son usuarios importantes de la tecnología.

Como trabajo futuro, además de concluir el estudio con otras universidades, se propone profundizar sobre el impacto académico de las redes sociales entre los estudiantes.

Referencias

AIMC. (01 de 09 de 2014). *Navegantes en la Red - Encuesta AIMC a usuarios de Internet*. Obtenido de http://www.aimc.es/-Navegantes-en-la-Red-.html

AMIPCI. (01 de 10 de 2014). Estudio sobre los hábitos de los usuarios de internet en México 2014. México. Recuperado el 01 de 10 de 2014, de http://e-ngenium.blogspot.mx/2011/06/los-habitos-de-los-internautas-en.html

Anderson, Sweeney, & Williams. (2011). *Estadística para negocios y economía.* Cengage Learning.

Céspedes, X. (01 de 10 de 2014). *EraSocial.* Obtenido de http://erasocial.com/2011/social-mediagrama-herramienta-de-evaluacion-de-competencias-sociales/ximenacespedes/erasocial

Field, A. (2013). *Discovering Statistics using IBM SPSS Statistics.* SAGE Publications Ltd.

Grupo Radar. (01 de 08 de 2014). Perfil del internauta uruguayo. Uruguay. Recuperado el 01 de 08 de 2014, de http://www. gruporadar.com.uy/01/wp-content/uploads/2013/10/El-perfil-del-internauta-uruguayo-2013-presentaci%C3%B3n-p%C3%BAblica. pdf

Murillo, J. (2010). *Social Media, la Nueva Ruta del Crecimiento.*

ONTSI. (01 de 01 de 2013). Perfil sociodemográfico de los internautas. *Perfil sociodemográfico de los internautas por el Observatorio Nacional de las telecomunicaciones y de la SI*. España. Recuperado el 20 de 09 de 2012, de http://www.ontsi.red.es/ontsi/sites/default/ files/perfil_sociodemografico_de_los_internautas_2013_0.pdf

Sales, R. (1 de 10 de 2014). *Techtudo*. Obtenido de http://www. techtudo.com.br/artigos/noticia/2012/03/pesquisa-atualiza-perfil-do-brasileiro-na-internet.html

Zikmund, W., & Barry, B. (2012). *Business Research Methods.* Cengage Learning.

CAPITULO II

Scrum en la creación de Aplicaciones Móviles: un Desarrollo Experimental

Ramón Ventura Roque Hernández
Adán López Mendoza
Juan Manuel Salinas Escandon

1. Introducción

En este trabajo se presentan los resultados de un desarrollo experimental de software que se condujo con la finalidad de que los programadores involucrados, todos ellos estudiantes de carreras profesionales de sistemas e informática, aprendieran y pusieran en práctica las herramientas necesarias para construir una aplicación móvil con fines didácticos utilizando Java para el sistema operativo Android siguiendo los principios ágiles de Scrum en un total de veinte horas.

La investigación se origina con una interrogante: ¿es posible que un equipo de programadores no profesionales, estudiantes universitarios, próximos a graduar, aprendan los principios de una metodología ágil y los fundamentos del desarrollo para móviles en un plazo reducido y construyan al mismo tiempo una aplicación completamente funcional y que cumpla con un conjunto de requerimientos especificados?. Una vez realizado este planteamiento, se focalizó la atención en Scrum como marco ágil, en Java como lenguaje de programación, en Eclipse como entorno de desarrollo y en Android como sistema operativo para móviles. Estos aspectos más específicos dieron paso a otras preguntas en relación a un proyecto concreto y a los integrantes del equipo de desarrollo: ¿cómo sería la dinámica del equipo de trabajo?, ¿cuál sería la percepción de Scrum como metodología ágil?, ¿cuál sería la percepción sobre el software obtenido? y ¿cómo podría evaluarse a Scrum en aspectos como: motivación, comunicación, organización y eficiencia?

Este trabajo tiene como objetivo presentar un acercamiento a las respuestas a estas preguntas. Su estructura es la siguiente: primero se abordan los antecedentes, en donde se discuten las generalidades de Scrum, del sistema operativo Android, de las metodologías ágiles para desarrollo móvil y de los desarrollos experimentales. La descripción del desarrollo realizado, las características del producto entregado y el cuestionario que se aplicó se presentan posteriormente. Luego, se exponen los resultados obtenidos desde las perspectivas de investigadores y desarrolladores, así como la discusión de los mismos. Finalmente se abordan las conclusiones y el trabajo futuro.

2. Antecedentes

2.1 Scrum

El nombre de esta metodología se origina con una jugada propia de los partidos de rugby (Pressman, 2010). Scrum (Sims & Johnson, 2011) es una metodología con la que puede desarrollarse software de manera ágil realizando prácticas iterativas cuyo objetivo es que el grupo de desarrolladores trabaje unido y cada miembro contribuya con sus habilidades individuales para la obtención de un software funcional de buena calidad. En Scrum se realiza una entrega de una versión incremental del producto final al término de cada iteración; de esta manera el cliente puede hacer modificaciones o continuar con el desarrollo del software tal como se tenía previsto originalmente. Scrum es una metodología diseñada para el desarrollo de productos en ambientes complejos en donde se requiere un producto funcional rápidamente, con cambios constantes o con especificaciones ambiguas.

El Sprint es el ciclo fundamental (iteración) del proceso de Scrum. No hay una especificación rígida de la longitud del sprint, pero se considera que cuatro semanas es el tiempo máximo de duración y dos semanas es la longitud más frecuente.

En un equipo de Scrum existen tres roles importantes: el propietario del producto, el maestro Scrum y los miembros del equipo. El propietario del producto trabaja con los requisitos del software y es el encargado de que éstos sean entendidos claramente por el equipo. El maestro Scrum es quien implementa la metodología y elimina los problemas a los que se enfrenta el equipo. Los miembros del equipo son los desarrolladores quienes tienen las características de ser auto-organizados, proactivos y colaborativos. Ellos tienen autoridad sobre cómo realizar su trabajo.

Dentro del marco general de Scrum existen reuniones que ayudan a la planeación del desarrollo en donde las experiencias adquiridas por los desarrolladores son muy relevantes, por lo que la retroalimentación y la recopilación de historias son fundamentales. Las reuniones son las siguientes: El Scrum diario, Scrum de Scrum, reunión de planeación del sprint, reunión de revisión del sprint y la retrospectiva.

El Scrum diario es una reunión al inicio de la sesión de trabajo en donde cada participante expone lo que ha completado, lo que espera completar y los obstáculos que ha encontrado. El Scrum de Scrum es una junta a la que acuden los líderes de grupos de trabajo si el equipo es grande; ahí los líderes hablan de lo que han logrado, lo que esperan lograr y los obstáculos que han tenido. La reunión de planeación del sprint se realiza al principio de cada iteración y tiene dos partes: en la primera parte, el equipo se compromete a un conjunto de metas; en la segunda, el equipo identifica tareas específicas. La reunión de revisión del Sprint es en donde el equipo expone los requerimientos completados y los que faltaron por terminar. La retrospectiva es una reunión que se lleva a cabo al final de cada sprint y en ella, el equipo se enfoca en lo aprendido durante el trabajo realizado en esa iteración.

2.2 Android como plataforma móvil

Android (Gironés, 2010) es una solución completa de software de código libre desarrollado sobre la plataforma Linux para teléfonos y dispositivos móviles: incluye un sistema operativo, un entorno de ejecución basado en Java, un conjunto de librerías de bajo y medio nivel y un conjunto inicial de aplicaciones destinadas al usuario final. Android es uno de los sistemas operativos móviles más utilizados actualmente en el mercado mundial. La versión más reciente es la 4.4 y es conocida como Kit Kat; fue lanzada en el último trimestre del año 2013. Durante el 2014 se liberaron varias actualizaciones menores a esta versión, en las que principalmente se arreglan fallos, se corrigen vulnerabilidades de seguridad y se hacen ajustes de funcionalidad.

La programación de aplicaciones para el sistema operativo Android se realiza de manera natural en Java y C++; éstos son los lenguajes oficiales de la plataforma propuestos desde su lanzamiento. El lenguaje Java, por su parte, permite la creación de aplicaciones que se ejecutan sobre la máquina virtual Dalvik, la cual fue especialmente optimizada para un buen desempeño en este sistema operativo al tomar en cuenta la limitante de recursos computacionales en los dispositivos móviles. Por otra parte, el Lenguaje C++ permite el desarrollo de aplicaciones nativas para Android. También existen otras alternativas de lenguajes de programación como por ejemplo, Basic para Android (Basic 4 Android, 2014) y Mono (Xamarin, 2014) con lenguajes de la plataforma. Net; las versiones completas de estos productos tienen costo y si bien cuentan con versiones gratuitas, éstas son limitadas en funcionalidad. Por el contrario, Java y C++ son alternativas de libre uso en cuanto a herramientas de desarrollo y compilación para Android se refiere.

2.3 Implementación de metodologías ágiles en el desarrollo de aplicaciones móviles.

El desarrollo de aplicaciones móviles puede beneficiarse del uso de metodologías ágiles ya que da respuesta a un mercado de usuarios con necesidades que cambian constantemente. El corto tiempo disponible para la obtención de un producto final es otra razón que justifica el uso de la agilidad pues pone a prueba la capacidad del equipo de trabajo para entregar software funcional de buena calidad. En el mercado, las aplicaciones móviles y sus actualizaciones deben estar disponibles rápidamente; en muchas ocasiones, incluso, cuidando de cerca los pasos de la competencia para lograr una ventaja estratégica sobre ella.

Diversos trabajos en los últimos años han identificado que el desarrollo de aplicaciones móviles no debería llevarse a cabo con una metodología tradicional centrada en la documentación o en los procesos tardados (Blanco, Camarero, Fumero, Werterski, & Rodríguez, 2009), (Abrahamsson P., 2005). El desarrollo móvil debería buscar la obtención rápida de un producto funcional, para lo cual, los principios ágiles han prometido ser útiles. Aunque las metodologías ágiles (Beck, y otros, s.f.) son más antiguas que el desarrollo de software móvil con las plataformas actuales, sus principios fundamentales pueden ser directamente implementados a este tipo especial de software. En los últimos años han surgido metodologías ágiles como Mobile-D (Abrahamsson, Ihme, Kolehmainen, Kyllönen, & Salo, 2005), (Spataru, 2010), las cuales, combinan las principales prácticas ágiles que ya existen y las contextualizan para la obtención de aplicaciones móviles.

2.4 Desarrollos experimentales

Los estudios de casos que involucran desarrollos experimentales resultan muy útiles para el aprendizaje pues configuran y controlan un entorno para mostrar un panorama representativo de una situación de estudio que involucra elementos que retan al alumno a poner en práctica sus conocimientos y habilidades para la resolución de problemas específicos. Estos casos pueden ser una herramienta para la investigación (Kitchenham, Pickard, & Lawrence Pfleeger, 1995) pero también para la enseñanza eficiente de la Ingeniería de Software que permite conocer la industria real del desarrollo de sistemas (Varma & Garg, 2005).

3. Metodología

3.1 Descripción del trabajo realizado

Para contestar las preguntas planteadas en la introducción de este trabajo, se realizó un desarrollo experimental de software con un grupo de ocho programadores. Los objetivos planteados fueron: a) aprender los principios ágiles de Scrum b) aprender el manejo básico de las herramientas para desarrollar una aplicación móvil y c) construir una aplicación didáctica para Android utilizando Java con el entorno Eclipse (Eclipse, 2014) siguiendo Scrum.

La convocatoria para participar en este desarrollo se extendió a alumnos de licenciatura en informática y de ingeniería en sistemas computacionales cuyo nivel de programación fuera intermedio; se les solicitó que conocieran por lo menos un lenguaje de programación, preferentemente Java o C y que tuvieran las bases suficientes de diseño de aplicaciones para poder trabajar en el proyecto. Para seleccionarlos, se aplicó una encuesta y un examen de conocimientos de programación. A los solicitantes se les ofreció un diploma con valor curricular siempre y cuando no faltaran ni llegaran tarde a las sesiones. No hubo remuneración económica.

Al iniciar el trabajo, los participantes recibieron una capacitación de diez horas sobre el lenguaje Java para Android y los fundamentos de Scrum; el proceso fue muy interactivo y se contó con sesiones frecuentes de preguntas y respuestas para aclarar las dudas que surgían. Después de la capacitación, inició una segunda etapa de trabajo que duró diez horas durante la cual se desarrolló el software solicitado siguiendo la metodología Scrum. Los programadores adoptaron el rol específico que debían cumplir y estuvieron conscientes de las tareas que debían realizar así como de los tiempos disponibles para el producto final. Una persona ajena al equipo tomó el rol de cliente y expuso sus necesidades; los programadores lo escucharon con atención. El cliente no proporcionó los requerimientos concretos de manera prescriptiva, sino simplemente expresó con una perspectiva de usuario final, unas necesidades previamente establecidas por el equipo de investigación. Los programadores tuvieron que organizarse de acuerdo a los principios de la metodología para extraer los requerimientos, tomar decisiones y asignar responsabilidades siempre tomando en cuenta los límites de tiempo establecidos.

3.2 Requerimientos del software solicitado

El objetivo fue desarrollar una aplicación móvil en lenguaje Java para el sistema operativo Android que ayudara a ejercitar el razonamiento matemático de las personas que lo utilicen. La aplicación debería ofrecer tres niveles de dificultad: principiante, intermedio y avanzado; además, el usuario podría seleccionar entre realizar sumas, restas o multiplicaciones. Cada vez que el usuario acertara, la aplicación debería informar al usuario de su respuesta correcta mediante una imagen y un sonido distintivo; de la misma manera debería suceder cuando el usuario cometiera un error. Si el usuario dejaba alguna respuesta en blanco, el programa debería informarle que existen entradas vacías. La aplicación también tendría un contador para el número de intentos de solución. El usuario podría rendirse en cualquier momento y la aplicación le mostraría el resultado correcto; también se podría comenzar un juego nuevo en cualquier momento y por último la aplicación debería proporcionar al usuario información breve acerca del nombre del equipo que la programó y la fecha de desarrollo, así como una ayuda sobre la manera de utilizar el software.

Para la obtención del programa completo se realizaron dos iteraciones: en la primera se les plantearon a los programadores los requerimientos previamente explicados con las siguientes excepciones: únicamente se tomarían en cuenta dos niveles: principiante y avanzado, no se les pidió incorporar ayuda para usar el programa y se les solicitó que el programa tuviera una sola pantalla para toda la aplicación. En la segunda iteración, se modificaron de manera intencional los requisitos planteados originalmente: ahora deberían utilizar algún tipo de menú y varias pantallas; también deberían incorporar la ayuda para el uso del programa y un nivel intermedio para la generación de los problemas aritméticos.

3.3 Cuestionario

Al finalizar el desarrollo experimental se aplicó un cuestionario a los integrantes del equipo (ver Tabla 1) en el que se presentaron algunas afirmaciones acerca de la participación del equipo, de los problemas para organizarse, de la facilidad para la toma de decisiones, de la relación entre los integrantes y la comunicación entre ellos; también se cuestionaron aspectos sobre su nivel de motivación durante el tiempo de desarrollo y posterior a él para seguir aplicando la metodología en otros proyectos. Se utilizó la escala de Likert (Zikmund & Barry, 2012) para presentar las posibles respuestas para cada afirmación: se podía elegir una de las siguientes opciones: Completamente de acuerdo (4), De acuerdo (3), Neutral (2), En desacuerdo (1), Completamente en desacuerdo (0). También se les preguntó en un formato de respuesta libre cuál es el principal problema que tuvo el equipo durante el proyecto y cuál es la principal ventaja que percibieron en esta manera de trabajo. Así mismo se les pidió una evaluación cuantitativa de Scrum en aspectos como la comunicación, motivación y organización del equipo durante el desarrollo experimental. Por su parte, los investigadores también reportaron los aspectos positivos y oportunidades de mejora que observaron durante este desarrollo experimental.

Identificador	Pregunta
1	Todos los integrantes tuvimos una buena relación durante el desarrollo
2	En el desarrollo todos participamos activamente.
3	Tuvimos problemas causados por la relación entre los integrantes del equipo
4	La comunicación entre los integrantes del proyecto fue deficiente
5	Tuvimos problemas para organizarnos
6	Se nos dificultó tomar decisiones
7	La metodología utilizada favorece sin duda el desarrollo rápido de aplicaciones móviles
8	La metodología favoreció la participación de todos
9	La metodología utilizada contribuyó a la obtención rápida de un programa final de calidad
10	Durante el desarrollo me mantuve motivado todo el tiempo

11	Aprendí cosas nuevas en el desarrollo de este proyecto
12	Estoy motivado a seguir aprendiendo más sobre esta metodología
13	Creo que hicimos un proyecto de buena calidad
14	En el futuro buscaré aplicar esta metodología a otros proyectos

Tabla 1. Cuestionario aplicado a los participantes.

3.4 Procedimiento estadístico e interpretación

Las respuestas de los cuestionarios aplicados a los participantes fueron introducidas en el software estadístico SPSS (Field, 2013), en el cual se obtuvieron las evaluaciones mínimas, máximas y la mediana para cada conjunto de respuestas. Posteriormente, de acuerdo al valor observado de la mediana se realizaron interpretaciones generales para las respuestas de acuerdo a la escala de Likert que se usó para el estudio. Se usó un perfil conservador para interpretar puntuaciones que no representaban valores enteros. Por ejemplo, una mediana con valor de 3.5 se interpretó como 3 (de acuerdo).

4. Resultados

4.1 Perspectiva de los participantes

Los datos estadísticos que se obtuvieron de este caso de estudio se muestran en la Tabla 2, en donde se presentan las preguntas con las puntuaciones mínimas y máximas de sus respuestas, así como la mediana. También se muestra la interpretación general a cada respuesta.

Los integrantes del equipo de desarrollo destacaron que tuvieron una buena relación entre ellos y que hubo un buen nivel de participación activa por parte de todos. Negaron haber tenido problemas causados por la relación, comunicación y organización entre los integrantes del equipo. En general, estuvieron en desacuerdo en haber tenido dificultades para la toma de decisiones; sin embargo, es importante resaltar que las puntuaciones mínimas y máximas muestran opiniones divididas respecto a esta afirmación.

El equipo coincidió por unanimidad en que Scrum favorece el desarrollo rápido de aplicaciones móviles. También de acuerdo a su percepción, la metodología contribuyó a la obtención rápida de un software de buena calidad y favoreció la participación de todos.

Todos los participantes aceptaron haber aprendido cosas nuevas en este desarrollo al mismo tiempo que se mantuvieron motivados durante el proceso. También todos coincidieron en estar motivados a diferentes niveles para seguir aprendiendo más sobre la metodología Scrum y en percibir que el software resultante era de buena calidad. A pesar de que la mayoría aceptó que definitivamente aplicaría esta metodología a otros proyectos en el futuro, algunos integrantes mantuvieron una postura neutral ante esta afirmación.

En cuanto a la evaluación cuantitativa de Scrum, los aspectos mejor calificados fueron la motivación para trabajar y la comunicación entre los integrantes del equipo. El aspecto evaluado con puntuación más baja fue la organización para trabajar. El aspecto con más diversidad de opinión fue la eficiencia general de la metodología.

Las ventajas de Scrum que identificaron los participantes en un formato de respuesta libre son: participación conjunta del equipo en un mismo proyecto, integración de todos con una manera ágil de trabajar, ayuda mutua, participación activa y eficiente en el área de fortaleza de cada persona, rapidez para terminar el proyecto, modelo adecuado para la división de la carga de trabajo, buena organización y relación con el resto del equipo y desarrollo simultáneo de varias actividades.

Los principales problemas o desventajas que los participantes encontraron en este desarrollo de software en particular fueron: diferentes niveles de habilidades y conocimientos, poca paciencia de algunos integrantes, la manera de socializar entre el equipo, dificultades en la toma de decisiones, inconvenientes con el entorno de desarrollo y con algunos aspectos avanzados de la sintaxis del lenguaje utilizado.

En entrevistas no estructuradas, los participantes reportaron haber aprendido nuevos aspectos del desarrollo de software de una manera amena e interactiva; manifestaron haberse sentido cómodos y estar contentos de haber podido conocer a nuevas personas con intereses afines.

Reconocieron que este ejercicio era su primer encuentro práctico con las metodologías ágiles y estaban muy motivados a seguir aprendiendo sobre estos temas. Los entrevistados otorgaron a la experiencia una evaluación excelente.

Num.	Criterio	N	Evaluación Mínima	Evaluación Máxima	Mediana	Interpretación
	Dinámica del equipo de trabajo					
1	Todos los integrantes tuvimos una buena relación durante el desarrollo	8	3	4	4	Totalmente de acuerdo
2	En el desarrollo todos participamos activamente.	8	2	4	3.5	De acuerdo
3	Tuvimos problemas causados por la relación entre los integrantes del equipo	8	0	2	0	Totalmente en desacuerdo
4	La comunicación entre los integrantes del proyecto fue deficiente	8	0	2	1	En desacuerdo
5	Tuvimos problemas para organizarnos	8	1	2	1.5	En desacuerdo
6	Se nos dificultó tomar decisiones	8	1	3	1.5	En desacuerdo
	Percepción de la metodología utilizada					
7	La metodología utilizada favorece sin duda el desarrollo rápido de aplicaciones móviles	8	4	4	4	Totalmente de acuerdo
8	La metodología favoreció la participación de todos	8	3	4	3	De acuerdo

Num.	Criterio	N	Evaluación Mínima	Evaluación Máxima	Mediana	Interpretación
9	La metodología utilizada contribuyó a la obtención rápida de un programa final de calidad	8	3	4	4	Totalmente de acuerdo
Percepción personal						
10	Durante el desarrollo me mantuve motivado todo el tiempo	8	3	4	4	Totalmente de acuerdo
11	Aprendí cosas nuevas en el desarrollo de este proyecto	8	3	4	4	Totalmente de acuerdo
12	Estoy motivado a seguir aprendiendo más sobre esta metodología	8	3	4	4	Totalmente de acuerdo
13	Creo que hicimos un proyecto de buena calidad	8	3	4	4	Totalmente de acuerdo
14	En el futuro buscaré aplicar esta metodología a otros proyectos	8	2	4	4	Totalmente de acuerdo
Evaluación cuantitativa						
15	Motivación de los integrantes del equipo	8	2	4	4	Muy bien
16	Comunicación entre los integrantes del equipo	8	2	4	4	Muy bien
17	Organización para trabajar	8	2	4	3	Bien
18	Eficiencia general de la metodología	8	0	4	4	Muy bien

Tabla 2. Resultados obtenidos:
perspectiva de los participantes.

4.2 Perspectiva de los investigadores

La aplicación de la metodología fue positiva según la percepción de los investigadores. El grupo de desarrolladores cumplió con los tiempos establecidos para la entregas del software en cada iteración; se observó un buen ambiente de trabajo, en donde cada integrante del equipo aportó algo al software obtenido. El cliente aprobó el producto final, el cual cumplió con las pruebas especificadas. A petición de los conductores de la investigación, una persona completamente ajena al equipo que desconocía la aplicación que se había solicitado hizo una prueba de usabilidad al software final; aunque este usuario no tuvo problemas en el manejo de la aplicación desarrollada, indicó que le pareció que la interfaz gráfica no era tan sencilla de utilizar y que pudo haber sido más intuitiva.

Los investigadores al observar al equipo y su organización para trabajar en este proyecto en concreto, destacaron los siguientes aspectos positivos: la integración del equipo, la rápida entrega del producto y la sinergia de habilidades diversas. Por otra parte, las principales desventajas que encontraron se refieren a la poca coordinación inicial que puede tener el equipo de desarrollo y al variado nivel de conocimientos y habilidades de los participantes.

4.3 Discusión

Los integrantes del equipo reportaron una experiencia positiva al aplicar Scrum al desarrollo de aplicaciones móviles; sin embargo, algunos de ellos reportaron haber tenido algunas dificultades relacionadas con la toma de decisiones y la eficiencia general de la metodología. Esto puede estar relacionado con la naturaleza no prescriptiva de Scrum, en donde el equipo se debe auto organizar para alcanzar sus objetivos y con el hecho de que no todos los participantes se conocían entre sí. También se debe considerar que el tiempo de desarrollo fue corto y que el equipo estaba formado por ocho personas. Llegar a acuerdos de equipo en estas condiciones no es tarea fácil. El equipo se demoró en tomar decisiones y adoptó una forma de trabajo centralizada en unas cuantas personas responsables, lo cual promovió algunos tiempos libres en algunos integrantes y dio la percepción de que la eficiencia de la metodología podría mejorarse. Quizá por esta razón algunos integrantes mostraron una postura neutral al considerar aplicar Scrum en otros proyectos futuros. Por otra parte, algunos participantes reportaron haber tenido inconvenientes con el entorno de desarrollo y algunos aspectos del lenguaje, ya que el conocimiento del lenguaje y de las herramientas utilizadas por parte del equipo se ubicó en un nivel básico.

Desde la perspectiva del proceso enseñanza - aprendizaje, la experiencia fue positiva sin duda. Los alumnos pusieron en práctica conocimientos específicos del área de desarrollo de software relacionados con Android, Java y Scrum, desarrollaron habilidades como el trabajo en equipo y la administración del tiempo y valores como la responsabilidad y la honestidad. El proceso de trabajo conjunto permitió la retroalimentación continua de experiencias que enriqueció a cada uno de los integrantes e hizo crecer al equipo completo.

5. Conclusiones y trabajo futuro

En este trabajo se presentaron los resultados de un desarrollo experimental que se condujo con el objetivo de que los programadores involucrados, todos ellos estudiantes de carreras profesionales de sistemas e informática, aprendieran y siguieran los principios de Scrum para el desarrollo de una aplicación móvil utilizando Java para Android.

Los resultados obtenidos demostraron que en veinte horas es posible que estudiantes universitarios aprendan a utilizar Scrum y a desarrollar aplicaciones en Java para Android mientras construyen una aplicación completamente funcional de buena calidad. De acuerdo a los cuestionarios aplicados, la dinámica del equipo de trabajo fue buena, con algunas dificultades para tomar decisiones conjuntas. Los integrantes estuvieron totalmente de acuerdo en que Scrum favorece el desarrollo rápido de aplicaciones móviles de calidad y en que se mantuvieron motivados mientras construyeron nuevos conocimientos. Los participantes evaluaron muy bien la motivación y la comunicación entre los integrantes del equipo y calificaron como buena la organización para trabajar. La eficiencia general fue el aspecto de Scrum que obtuvo menor calificación.

Como trabajo futuro se plantea la replicación de este desarrollo experimental, primero con estudiantes y después con desarrolladores de software profesionales. Además de Scrum, se propone utilizar otra metodología ágil y una metodología tradicional con el propósito de contrastar los resultados obtenidos.

Referencias

Abrahamsson, P. (2005). Mobile software development - the business opportunity of today. Iceland.

Abrahamsson, P., Ihme, T., Kolehmainen, K., Kyllönen, P., & Salo, O. (2005). *Mobile-D for Mobile Software: How to Use Agile Approaches for the Efficient Development of Mobile Applications.* Finland: VTT Technical Research Centre of Finland.

Basic 4 Android. (2014). (Anywhere Software) Retrieved 10 10, 2014, from http://www.basic4ppc.com/

Beck, K., Beedle, M., Bennekum, A., Cockburn, A., Cunningham, W., Fowler, M., ... Thomas, D. (n.d.). *Portal web del manifiesto ágil*. Retrieved 03 01, 2013, from agilemanifesto.org

Blanco, P., Camarero, J., Fumero, A., Werterski, A., & Rodríguez, P. (2009). *Metodología de desarrollo ágil para sistemas móviles. Introducción al desarrollo con Android y el iPhone.* Madrid: Universidad Politécnica de Madrid.

Eclipse. (2014). *Eclipse*. Retrieved 10 10, 2014, from http://www.eclipse.org

Field, A. (2013). *Discovering Statistics using IBM SPSS Statistics.* SAGE Publications Ltd.

Gironés, J. (2010). *El gran libro de Android.* España: Marcombo.

Kitchenham, B., Pickard, L., & Lawrence Pfleeger, S. (1995). Case Studies for Method and Tool Evaluation. *IEEE Software*, 52-62.

Pressman, R. (2010). *Ingeniería del Software: un enfoque práctico.* México, D.F.: McGrawHill.

Sims, C., & Johnson, H. (2011). *Elements of Scrum.* Foster City, California: Dymaxicom.

Spataru, A. C. (2010). *Agile Development Methods for Mobile Applications.* University of Edinburgh.

Varma, V., & Garg, K. (2005). Case Studies: The Potential Teaching Instruments for Software Engineering Education. *Proceedings of the Fifth International Conference on Quality Software (QSIC'05).*

Xamarin, S. (2014). *Mono for Android.* Retrieved 10 10, 2014, from http://xamarin.com/monoforandroid

Zikmund, W., & Barry, B. (2012). *Business Research Methods.* Cengage Learning.

CAPITULO III

Turismo médico en México: área de oportunidad para el cluster on line profesional y pymes de salud

Liliana Marlene Arriaga Huerta
Roberto Arreola Rivera
Mayra Elena García Govea

Introducción

Con tecnología de vanguardia en el campo de la medicina en Estados Unidos, 46 millones de sus habitantes viven con el temor de enfermarse, por no tener cobertura médica, por problemas económicos o laborales, actualmente no tienen cobertura médica los más necesitados y por sus altos costos en las consultas privadas y en los medicamentos, la población pobre junto a la que no califica para los programas de gobierno son las más desfavorables, se muestran datos estadísticos del Centro de Control y Prevención de Enfermedades (CDC) en este país, considerando las edades de 25 a 75 años, distribuidas en razas, utilizando los datos más reciente e ingresos monetarios, ambos sexos, por enfermedades, visitas al médico, visitas a la sala de emergencias de Estados Unidos y de Texas. En Texas 5, 589,436 personas se encuentran sin seguro médico, dentro de la raza hispana 3, 091,019 según CENSO de Texas, dentro de una población de 20, 851,820. Se considera que de diez trabajadores uno está asegurado, los patrones no les proporcionan el servicio médico o solamente el trabajador es beneficiado y la familia está fuera de cualquier programa de salud médica. La raza hispana se perfilan por ser mayoría en este estado, es la población con mayores problemas de salud en comparación a la negra y la anglosajona, sus padecimientos son graves, las consecuencias de no atenderlas con tiempo y seguimiento, podrían causar la muerte. Algunas de estas personas visitan la frontera de México para atender su salud, por dominar el idioma, los bajos costos a comparación de su país y sobre todo el trato que les brindan los Médicos mexicanos estos les inspira confianza, pagan en México su consulta y la compra de sus medicinas. Unos se dan la tarea de conocer los lugares turísticos o comerciales, después de las consultas o mientras sus familiar consulta al médico. Para Tamaulipas que se encuentra en frontera con Texas, relativamente cerca de las ciudades con mayor población como lo es San Antonio, Houston y Dallas. Es una oportunidad de competir por atraer este turismo de salud, al brindarle el servicio médico y un viaje de placer al mismo tiempo. Unificando las mano de obra (CLUSTER PROFESIONAL) con diversidad de especialidades. Donde el Médico y la enfermera combinen sus habilidades, con el Lic. En Informática (para su publicidad en la Internet, consultas, citas, dudas y emergencias etc. las 24 horas), el Contador (como redituar los recursos de la empresa y pago de impuestos, etc.), Lic. En Turismo (elabore paquetes de viaje que incluya transporte, traslados hoteles, comidas, diversiones y hotel, etc.), el administrador e ir integrando otras profesiones según se requiera el turismo, en forma asociada y trabajar con un fin común, satisfacer las demandas del turismo médico. Con apoyos económicos formaremos CLUSTER ON LINE PROFESIONAL Y PYMES de salud Y Tamaulipas podrá dar frente a esta debilidad del vecino país.

I.- El seguro médico en Estados Unidos.

Con la tecnología médica más avanzada, la nación más rica del mundo Estados Unidos de Norteamérica, cuenta con cuarenta y seis millones de estadounidenses que viven con la incertidumbre de sufrir alguna enfermedad seria, por no contar con un seguro médico que les ayude a cubrir el costo de salud. Especialistas están preocupados en crear leyes que beneficien a norteamericanos que se encuentran en medio de la inseguridad médica.

Estados Unidos ha tenido problemas económicos y emocionales que han afectado su población. Otras fuentes indican que veinte millones de trabajadores en Estados Unidos no cuentan con seguro médico, en el estado de Texas se encuentra la mayor población. La fundación Robert Word Johnson demostró que unas 2.500.000 asalariados en Texas no cuentan con acceso a seguro de salud. Luisiana, Mississippi, Nevada, Nuevo México y Oklahoma son estados también en lo que su población no cuenta con suficiente cobertura médica para sus trabajadores. En 37 estados incluyendo el Distrito de Columbia se considera que de diez empleados uno no tiene seguro médico, este dato lo arrojó la Escuela de Salud Pública de la Universidad de Minnesota. El precio de los seguros de salud son muy altos para los trabajadores, por tal motivo estos los han estado abandonando. Lo que aporta un trabajador por mes en seguro médico "prima de seguro" se ha incrementado cinco veces más que los salarios en los últimos años. Por tal razón la población no acude a citas médicas para prevenir que se agrave su situación y terminan en las salas de emergencias con problemas de salud es más graves, complicadas y de altos costos.

La Asociación de Hospitales de Estados Unidos, indicó que en el 2004 se prestaron servicios hospitalarios y no se cubrieron sus costos por 27 mil millones de dólares. Esto está creando una cadena de aumentos al seguro, debido a las perdidas obtenidas por la población que no cubre sus gastos médicos, los hospitales privados elevan sus costos a sus pacientes asegurados, por consecuencia las aseguradoras cobran altos costos en sus primas a sus clientes asegurados.

Para el seguro médico en los Estados Unidos se consideran que 56 millones de estadounidenses no podrán cubrir su seguro médico con su dinero. Se considera que el aumento en los costos sobre el seguro de médicos per capita rebase el ingreso personal en 2,4 % por año, esto concluye en que la población trabajadora no podrá cubrir sus gastos médicos, la población de empleados que ingresan al año 60,000 a 80,000 dólares podrán cubrir su seguro médico pero en relación a los empleados que ingresen por año 25,000, 30,000 o 35,000 dólares. Estos datos los basaron en trabajadores estadounidenses en general, en el caso de los trabajadores hispanos sin seguro médico crecerá más rápidamente. Se estima que 11 millones más de personas estarán si seguro médico.

II.- Fortalezas y debilidades de la población EUA.

Una de las debilidades que consideramos es el número de cirujanos generales por cada 100,000 personas en los Estados Unidos, disminuyó en más del 25 por ciento, entre 1981 y 2005. Surge la incertidumbre sobre si existirá un número adecuado de cirujanos generales para cubrir una población cada vez más vieja y cubrir las demandas futuras.

La discriminación es uno de los problemas más importantes por los que la raza hispana, los afroamericanos y otras razas minorías, han sido afectados, a su vez también viven la discriminación en la atención de los servicios de salud estadounidense. La población que representa las minorías sufre de enfermedades mentales, a comparación de otros norteamericanos que pudieran padecer esta enfermedad, estos no cuentan con un servicio médico para atenderse, con tratamientos revolucionarios y científicos para las enfermedades mentales que deberían beneficiar a todos los estadounidenses de cualquier raza, origen étnico y cultural, esto no sucede. En el caso de la población que es afectada y no domina el idioma inglés, representa un gran reto para su atención, el porcentaje de hispanos es del 40% que no dominan el idioma, mientras el personal del servicio de salud, muy pocos hablan español y el 37% de hispanos no cuentan con servicios de atención a la salud, y siguen aumentando el padecimiento para esta raza, de acuerdo a un informe los hispanos nacidos en Estados Unidos tienden más a esta enfermedad, a comparación de los hispanos que han nacido fuera de este país. En el caso de la raza negra 25% no cuenta con seguro de salud. Dentro de esta población se encuentra la de escasos recursos.

Esta población discriminada cuenta con el seguro de atención médico y no hacen uso del servicio, por no confiar en los procedimientos del sistema de salud. Este problema de las razas minorías afecta a toda la población Estadounidense, por los síntomas que manifiesta esta enfermedad.

Otra enfermedad que padece la población, son los trastornos de ansiedad social 15 millones de estadounidenses no disfrutan de una vida social plena y no entablan relaciones amorosas dentro de la normalidad, algunos síntomas son el aislamiento y el avergonzarse, 36% de las personas que padecen este trastorno, pueden transcurrir diez años antes de atenderse.

El Centro para el Control y la Prevención de Enfermedades en Atlanta (CDC) en el 2007 detectaron que cuatro de cien tiene tuberculosis en los Estados Unidos, esta tasa cayó en su valor histórico. Los hispanos, los negros y los asiáticos tuvieron tasas que variaron entre 7.4 y 8.3 porciento, es decir que fueron casi 23 veces más altas que las registradas entre los blancos.

Las enfermedades trasmitidas por los alimentos, siguen afectando a la población estadounidense, "La seguridad alimentaria es un problema continuo que comienza en las granjas y sigue su curso a lo largo de la cadena alimenticia hasta llegar a la cocina", lo menciono el Dr. Robert Tauxe, subdirector de la División de enfermedades trasmitidas por alimentos, enfermedades bacterianas y micóticas de los CDC.

Se le conoce como la segunda causa de muerte, el cáncer de estomago. El descuidar las infecciones estomacales y no tratarlas a tiempo pueden causar a largo plazo cáncer, la erradicación de la H. pylori evita el cáncer gástrico, mayormente cuando los antibióticos son administrados en la primera fase de la infección, pero esa terapia de erradicación administrada en una etapa tardía puede también detener el desarrollo de lesiones severas que pueden conducir al cáncer.

Los niños latinos norteamericanos, serán los futuros adultos latinos hipertensos, se encontró que los niños y adolescentes hispanos que tienen sobre peso presentan alto nivel de endotelia e inflamación vascular, relacionado con grasa corporal y mayor resistencia a la insulina, estos casos hacen que incremente el desarrollo de diabetes tipo 2 y padecimientos cardiovasculares.

Las gráficas que se muestran a continuación fueron estimadas por el Centro para el Control y la Prevención de Enfermedades (CDC) en su sitio de tendencias en la salud y el envejecimiento, considerando los datos más recientes y el rango de población entre 25 a 74 años (Por considerar que esta población se encuentre activamente trabajando), comprende todas las razas, así como ambos sexos, se presentan con la finalidad de tener un panorama de las enfermedades, situación médica y económica por la que atraviesa la población estadounidense basándonos en datos estimados.

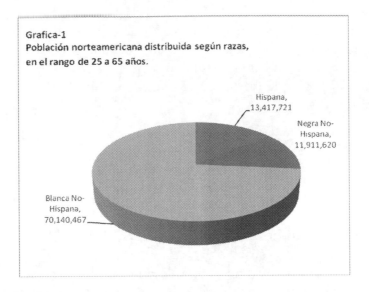

Grafica-1
**Población norteamericana distribuida según razas,
en el rango de 25 a 65 años.**

Hispana, 13,417,721

Negra No-Hispana, 11,911,620

Blanca No-Hispana, 70,140,467

Fuente: U.S. Census Bureau

Se considera en esta gráfica la población residente en Estados Unidos, los datos incluyen al personal militar y de las fuerzas armadas, familiares emplazados, diplomáticos internacionales y sus familias que residan en embajadas o lugares similares, trabajadores internacionales, estudiantes internacionales y a los estadounidenses que viven en el extranjero. La raza hispana representa el 13% de la población de Estados Unidos.

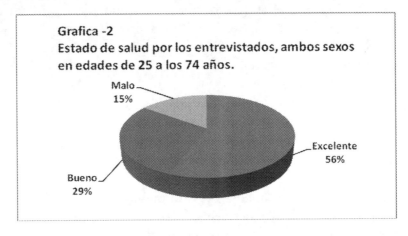

Grafica -2
**Estado de salud por los entrevistados, ambos sexos
en edades de 25 a los 74 años.**

Malo 15%

Excelente 56%

Bueno 29%

Fuente: U.S. Census Bureau

Estos datos representan las tendencias de la población según consideran su estado de salud, basados en entrevistas domiciliarias por el organismo NHIS (Encuestas Nacional de Entrevistas de Salud). El 44% de la población considera tener excelente salud.

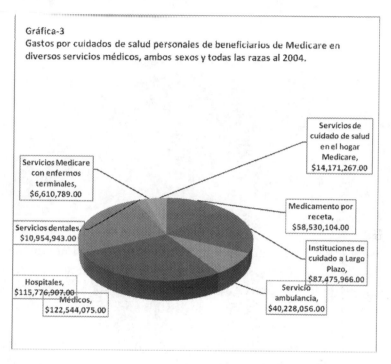

Gráfica-3
Gastos por cuidados de salud personales de beneficiarios de Medicare en diversos servicios médicos, ambos sexos y todas las razas al 2004.

Servicios de cuidado de salud en el hogar Medicare, $14,171,267.00

Servicios Medicare con enfermos terminales, $6,610,789.00

Medicamento por receta, $58,530,104.00

Servicios dentales, $10,954,943.00

Instituciones de cuidado a Largo Plazo, $87,475,966.00

Hospitales, $115,776,907.00

Servicio ambulancia, $40,228,056.00

Médicos, $122,544,075.00

Fuente: U.S. Census Bureau

Los datos que muestra esta gráfica representan los gastos por cuidados de salud personales de beneficiarios de Medicare de 65 años de edad en adelante, considerando el servicio, la información proviene de los archivos de Costos y Usos (Cost and Use) de la encuesta de beneficiarios actuales de medicare current beneficiary survey por sus siglas en inglés (MCBS). Los gastos se presentan en dólares nominales como en dólares del 2004. El gasto personal por el servicio de médicos es el más elevado con $122, 544,075.00 dólares, en medicamentos $58, 530,104.00 dólares y dentales $10, 954,943.00 dólares, consideramos estos servicios como una demanda futura para Tamaulipas.

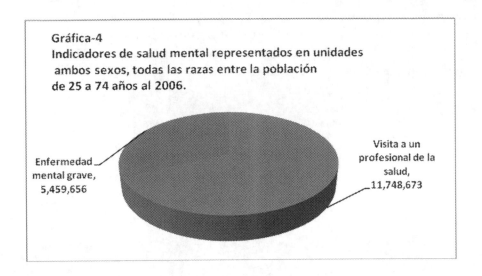

Gráfica-4
Indicadores de salud mental representados en unidades
ambos sexos, todas las razas entre la población
de 25 a 74 años al 2006.

Enfermedad
mental grave,
5,459,656

Visita a un
profesional de la
salud,
11,748,673

Fuente: U.S. Census Bureau

En esta gráfica muestra dos tipos de enfermedad mental, los datos los arroja la Encuesta Nacional de Entrevistados de Salud (NHIS) por sus siglas en inglés, las encuestas son a nivel nacional, aplicadas en los domicilios a una población civil no institucionalizada. La recopilación de datos utiliza un sistema de "entrevistas personales asistidas por computadoras" (CAPI) por sus siglas en inglés, también colaboro la Simple Adult Core (muestra principal de adultos) de las NHIS. (Ver detalles sobre esta medida en la población: Kessler RC, Barrer PR, Colpe LJ, Epstein JF, Gfrierer JC, Hiripi E, Howes MJ, Normand SL, Manderscheid RW, Walters EE, Zaslavsky AM. Screening for serius mental illness in the general population. Archives of General Psychiatry. 2003; 60: 184-189).

Las enfermedades mentales no solo afectan al paciente, afectan a la sociedad que los rodea debido a la forma en que se desarrolla este padecimiento, los médicos estadounidenses difícilmente podrán combatir este problema, no cuentan con personal capacitado a las características que algunos pacientes requieren, como lo es el idioma en el caso de los hispanos, comprender sus costumbre y cultura, se requiere de personal que pueda inspirar confianza al paciente y no sentirse discriminado por un psicólogo de raza anglosajona. En el caso de proporcionar el servicio de psicología tenemos la fortaleza del idioma y el vivir, comprender los aspectos culturales de la raza hispana por pertenecer a este grupo étnico.

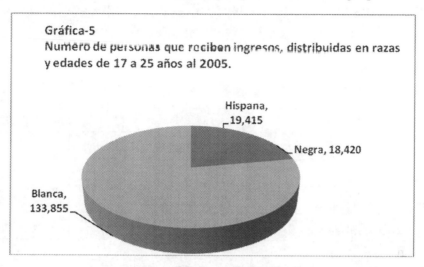

Gráfica-5
Número de personas que reciben ingresos, distribuidas en razas y edades de 17 a 25 años al 2005.

Hispana, 19,415
Negra, 18,420
Blanca, 133,855

Fuente: U.S. Census Bureau

Los datos los arroja la encuesta de población actual (CPS) por sus siglas en inglés, con la población civil no institucionalizada, vía domiciliaria, entrevista personal y telefónica, realizada por las oficinas del censo y la oficina de estadísticas laborales. La CPS recopila los datos sobre el importe del ingreso monetario (antes de impuesto, seguro social, cuotas sindicales, reducciones de medicare, etc.) obtenidos en el año anterior por los siguientes conceptos: ingresos; compensaciones de desempleo; indemnización laboral; seguro social; ingreso de seguridad suplementario; asistencia pública, pago a veteranos; beneficios de sobrevivientes; beneficios por discapacidad; pensión o ingreso de jubilación; intereses; dividendos; rentas; regalías; herencias: fideicomisos; asistencias para educación; pensión alimenticia pensión para hijos menores; ayuda financiera de fuentes externas al hogar; y otros ingresos.

En este rubro podremos captar a esta población con mayor ingreso al ofrecer no solo el servicio médico, también un viaje de salud combinado con unas vacaciones, en base a promociones turísticas para toda la familia, por parte de un especialista en turismo. Tamaulipas cuenta con actividades deportivas como lo es la cacería y la pesca que a este rango de edad es de interés.

El total de personas hispanas que reciben ingresos en este país es muy bajo, la población que no cuenta con una cobertura médica, no puede pagar una consulta a un organismo privado por ser muy costoso, por esta razón salen del país.

MUERTES POR CAUSAS BASICAS EN LA POBLACION NORTEAMERICANA REPRESENTADA EN UNIDADES EN EL 2004.	
ENFERMEDADES	UNIDADES
Complicaciones de los ciudadanos médicos y quirúrgicos	1,412
Suicidio	16,359
Accidentes de transporte	17,555
Ciertas enfermedades infecciosas y parasitarias	32,897
Neoplasma maligno	316,223
Anemia	1,134
Diabetes mellitus	35,790
Deficiencias nutricionales	654
Enfermedad de párkinson	2,675
Enfermedad de alzhéimer	4,349
Enfermedades cardiacas	223,334
Hipertensión	6,787
Enfermedades cerebrovasculares	39,607
Aterosclerosis	1,837
Gripe (influenza)	190
Neumonía	12,337
Enfermedades crónicas del tracto respiratorio inferior	45,934
Enfermedad hepática crónica y cirrosis	23,329
Insuficiencia renal	14,097

Fuente: U.S. Census Bureau (Tabla 1)

Registro de muertes por causas básicas Neoplasma maligno 316,223, enfermedades: cardíacas 223,334, crónicas del tracto respiratorio inferior 45,934, cerebro vasculares 39,607, diabetes mellitus 35,790, ciertas enfermedades infecciosas y parasitarias 32,897, hepática crónica y cirrosis 23,329, accidentes de transporte 17,555, suicidio 16,359, insuficiencia renal 14,097, neumonía 12,337, hipertensión 6,787, enfermedad de alzhéimer 4,349, enfermedad de párkinson 2,675, aterosclerosis 1,837, complicaciones de los cuidados médicos y quirúrgicos 1,412, anemia 1,134, deficiencias nutricionales 654, gripe (influenza) 190.

Las leyes estatales de los Estados Unidos disponen que se emitan certificados de defunción sobre todas las muertes y la ley federal exige la publicación de esta información a nivel nacional. El sistema nacional de Estadísticas Vitales (National Vital Statistics System) con la colaboración del Centro Nacional de Estadísticas de salud (NCHS) por sus siglas en inglés, da acceso a la información estadística en base a los certificados de defunción.

La muerte por causas básicas nos da una idea clara de que enfermedades debemos combatir junto a esta población, si es por causas naturales, por falta de atención o seguimiento en el tratamiento de estas o por cuestiones económicas.

Número y tasas de todos los procedimientos registrados en las altas hospitalarias según edad, y sexo, entre los 45 a 74 años de edad en Estados Unidos, 1970-2004. NHDS, NHCS.

Sistema nervioso	495
Operaciones de los ojos	21
Extracción del cristalino	0
Nariz, boca y faringe	92
Sistema respiratorio	543
Toracentesis	84
Sistema cardiovascular	4135
Eliminación de obstrucción de arteria coronario e inserción	888
Revascularización cardíaca (por cada admisión)	182
Revascularización cardíaca (todas)	310

Cateterismo cardíaco	870
Marcapasos	120
Endarterectomía	54
Desviación o derivación vascular	77
Hemodiálisis	374
Sistema hemático y linfático	190
Sistema digestivo	2700
Gastronomía	69
Colecistectomía	207
Tracto del aparato urinario	489
Sistema de Órganos genitales masculinos	145
Prostatectomía	112
Sistema de Órganos genitales femeninos	757
Oferectomía	249
Histerectomía	286
Reparación de cistocele y rectocele	90
Sistema músculoesqueletal	2080
Artrodesis vertebral	376
Reemplazo de cadera	251
- Reemplazo total	149
- Reemplazo parcial	102
Reemplazo total de rodilla	339
Amputación de miembro inferior	80
Aparato tegumentario	641
Mastectomía: Incluye lumpectomía, resección del pecho y mamectomía	55
Desbridamiento	201
Ventilación mecánica continua	293

Fuente: U.S. Census Bureau (tabla 2)

(Unidad: No. de procedimientos (en miles),
ambos sexos, medida: estimado.)

Los datos registrados en esta tabla es referente a cada 10,000 habitantes, excepto la "revasculización cardiaca", las cifras fueron obtenidas por

Encuesta Nacional de Altas Hospitalarias (Nacional Hospitalarias Dischanger Survey). Las muestras provienen de hospitales no federales.

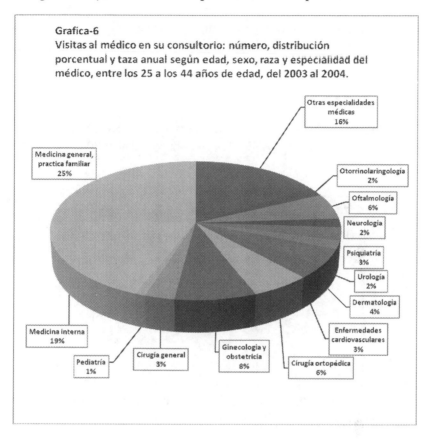

Grafica-6
Visitas al médico en su consultorio: número, distribución porcentual y taza anual según edad, sexo, raza y especialidad del médico, entre los 25 a los 44 años de edad, del 2003 al 2004.

Fuente: U.S. Census Bureau

(Unida: % de visitas, medida: estimada,)

Visitas al médico en consultorio población de 25 a 44 años ambos sexos del 2003 y 2004, que cuentan con cobertura médica en los Estados Unidos, 25% medicina preventiva, 19% medicina interna, 16% otras especialidades, 8% ginecología y obstetricia, 6% cirugía ortopédica, 6% oftalmología, 4% dermatología, 3% cirugía general, 3% enfermedades cardiovasculares, 3% psiquiatría, 2% urología, 2% neurología, 2% otorrinolaringología. La grafica nos indica las visitas a consultorios médicos por pacientes, de acuerdo a la especialidad del doctor, esta información fue recopilada por la atención nacional médica ambulatoria.

Los datos muestran el número, las tasas por 100 y la distribución porcentual de las visitas médicas.

Dentro de las visitas al médico, todos estos servicios por especialidad los encontramos en Tamaulipas como el caso del 25% en medicina preventiva, que sería la más demandada por este turismo.

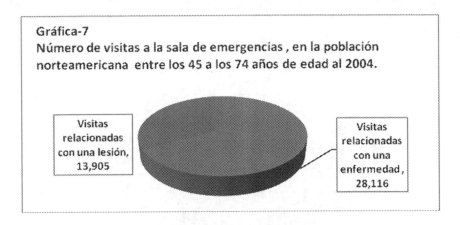

Gráfica-7
Número de visitas a la sala de emergencias , en la población norteamericana entre los 45 a los 74 años de edad al 2004.

Visitas relacionadas con una lesión, 13,905

Visitas relacionadas con una enfermedad , 28,116

Fuente: U.S. Census Bureau

Esta gráfica representa las visitas a las salas de emergencia de hospitales generales, se excluye a los hospitales no institucionales, hospitales de estadía corta, hospitales federales, militares ni la Administración de Veteranos en los Estados Unidos.

Dentro de las salas de emergencia la población asiste por no atenderse correctamente las enfermedades, esto los hace recaer o empeorar, por no acudir al médico oportunamente por falta de una cobertura médica o la falta dinero para pagar una consulta y medicinas.

III.- Características de Texas:

Texas tiene una población de **23, 507,783** habitantes, es el segundo estado mas poblado de los Estados Unidos y el primer estado es California. La distribución por razas es la siguiente: en primer lugar la Blanca 83%, la negra con 12.00%, la asiática con 3.60, la amerindio o nativo de Alaska con 1.10% y por ultimo la nativo, hawaiano o isleño con 0.2% (grafica 8).

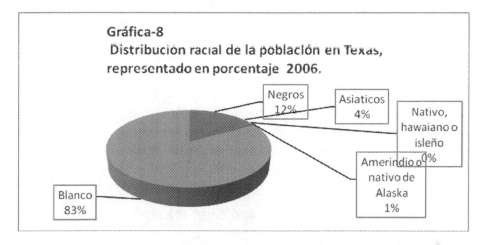

Gráfica-8
Distribución racial de la poblaclón en Texas, representado en porcentaje 2006.

Negros 12%

Asiaticos 4%

Nativo, hawaiano o isleño 0%

Amerindio o nativo de Alaska 1%

Blanco 83%

Fuente: U.S. Census Bureau

Texas es uno de los cuatro estados en el que no son mayoría la raza anglosajona, los otros estados son California, Nuevo México y Hawai. La raza hispana es la de mayor crecimiento en Texas.

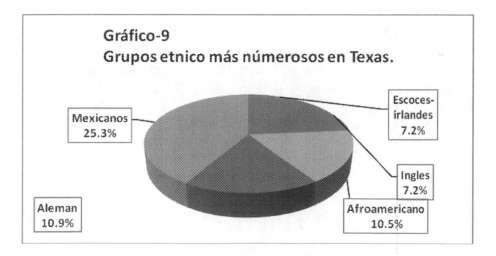

Gráfico-9
Grupos etnico más númerosos en Texas.

Mexicanos 25.3%

Escoces-irlandes 7.2%

Ingles 7.2%

Afroamericano 10.5%

Aleman 10.9%

Fuente: U.S. Census Bureau

Dentro de los grupos étnicos tenemos a los mexicanos con el 25.30%, 10.90% alemán, 10.50% afroamericanos y con el mismo porcentaje de 7.20% ingleses y escocés irlandés. Por ser el país vecino, han emigrado los mexicanos por buscar mejores oportunidades de trabajo, pero no así en coberturas médicas, esta raza es la más perjudicada económicamente, se encuentran mexicanos en este país, legal e ilegalmente

No cuenta con un idioma oficial, el lenguaje que se practica en el estado de Texas, el 68.80% es el inglés, el 27% es el español y el 4.20% lo representan otros idiomas que son las minorías (gráfica 11), sigue en aumento el idioma español, a raíz de la migración de latinos a este estado.

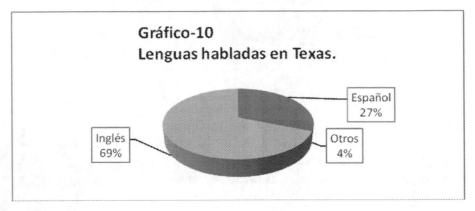

Gráfico-10
Lenguas habladas en Texas.

Español 27%

Otros 4%

Inglés 69%

Fuente: U.S. Census Bureau

Único en los Estados Unidos, Texas cuenta con tres ciudades con más de un millón de habitantes, las ciudades son Houston, San Antonio y Dallas. Cuenta con 254 condados, más que cualquier otro estado de los Estados Unidos. Estas tres ciudades más pobladas de Texas se encuentran relativamente cerca del estado de Tamaulipas, por la cercanía seremos su mejor opción al realizar su turismo de salud.

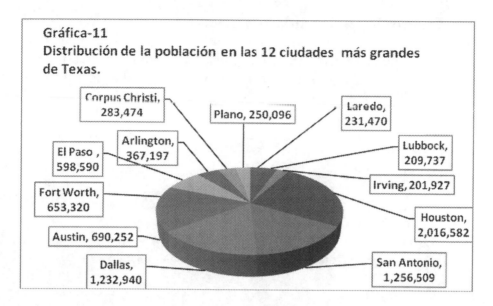

Gráfica-11
Distribución de la población en las 12 ciudades más grandes de Texas.

Corpus Christi, 283,474
Plano, 250,096
Laredo, 231,470
Arlington, 367,197
El Paso , 598,590
Lubbock, 209,737
Fort Worth, 653,320
Irving, 201,927
Austin, 690,252
Houston, 2,016,582
Dallas, 1,232,940
San Antonio, 1,256,509

Fuente: U.S. Census Bureau

Las proyecciones sobre la población de Texas, nos indica que cambiará dentro de las próximas décadas en diversidad y edad, el Centro de Datos del Estado de Texas proyecta que en el 2020, la raza anglosajona disminuirá, mientras que la raza hispana representará las mayorías y al 2040 los hispanos representarán más del 50% de la población de Texas. Actualmente existen diferencias socioeconómicos entre los grupos étnicos, la población hispana tiende a tener niveles bajos de educación, salarios más bajos, son más dependientes de los programas del gobierno y no dominan el idioma inglés, estos factores socioeconómicos a futuro, nos indican que la población en Texas, será menos educada, menos competente, con escasos recursos económicos y dependerá mas de los programas de gobierno, en las áreas de asistencia médica y social. "Texas pasa a ser el estado más nuevo con una mayoría de minorías" lo menciono en un comunicado la Oficina del Censo, a su vez indico que los estados de Maryland, Missisipi, Georgia, Nueva Cork y Arizona, serán los próximos estados con poblaciones mayoritaria de las minorías.

IV.- Estado de salud población Texas.

En estas graficas, representan el porcentaje de personas que consideran su estado de salud en: excelente, bueno y regular/malo, dentro de las edades de 25 a 74 años, de 1993 al 2006, considerando el sexo raza edad. Esta información es del Sistema de Vigilancia de Factores de Riesgo del Comportamiento (BRFSS), se realiza a través de escuetas telefónicas por estado, en colaboración con los centros para el control y la prevención de enfermedades (CDC) por sus siglas en inglés.

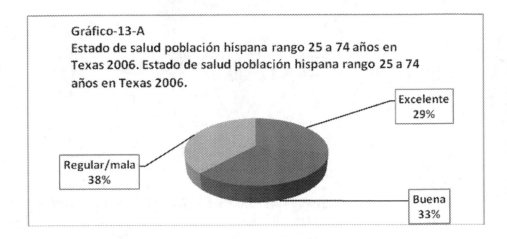

Gráfico-13-A
Estado de salud población hispana rango 25 a 74 años en Texas 2006. Estado de salud población hispana rango 25 a 74 años en Texas 2006.

Excelente 29%
Regular/mala 38%
Buena 33%

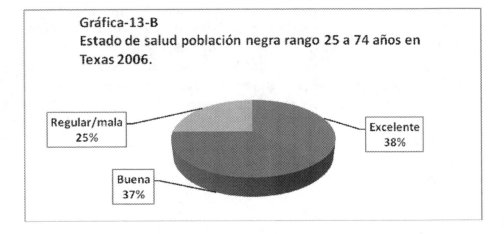

Gráfica-13-B
Estado de salud población negra rango 25 a 74 años en Texas 2006.

Regular/mala 25%
Excelente 38%
Buena 37%

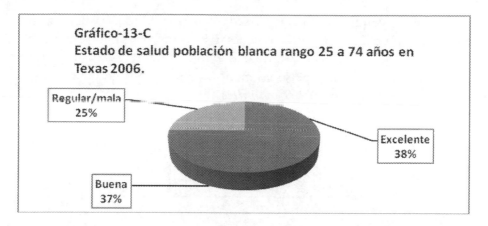

Fuente: U.S. Census Bureau

En las gráficas observamos que la población hispana contestó en un mayor porcentaje, el 38% que se siente regular/malo, buena 33%, y excelente/muy buena, en menor porcentaje 29%., la raza negra se considera con un 38% excelente/muy buena, 37% buena y 25% regular/mala. En el caso de la raza blanca su mayor porcentaje lo declaró en 54% excelente/muy buena, buena con 29% y regular/mala 17%. La raza hispana es la que se considera enferma con un mayor porcentaje en comparación con las otras razas.

En materia de salud los candidatos a la presidencia, proponen mejorar el sistema de salud, pero la realidad nos indica que el 24% de la población de Texas carece de seguro médico, la población crece y no el sistema de salud en el estado, en la ciudad de Houston se calcula que el 1.1 millones de personas se encuentra sin seguro médico. En el caso de los condados de Texas, en el condado de Harris el 30% de su población no esta asegurada. Algunas de las familias no califican en los programas de salud por no ser tan pobres, las personas que laboran no cuentan con seguro médico y no les alcanza para cubrir uno. "Los que están en esa situación son los que más sufren. En algunos casos, cuando les dan un diagnóstico, están tan enfermos que el tratamiento es carísimo o llega demasiado tarde y mueren", comento el profesor Horward Karger, catedrático de Ciencias Sociales de la Universidad de Houston. El problema de cobertura médica no depende de la carencia de empleo, "Hay que tomar en cuenta que muchas personas cambian de trabajo y la gran mayoría no ofrece seguro de salud luego de varios meses de empleo. Otras compañías simplemente no tienen las condiciones para darles la cobertura a toda la familia, por eso vemos muchos niños y conyugues sin seguro de salud", menciono Dunkelberg del Centro de Prioridades Públicas de Texas. En el 2002 y 2004 una de cada cuatro personas menores de 65 años no contaron con seguro de salud, esto lo publicó *Families USA*.

En el 2005 se encontraron sin cobertura de seguro de salud médica, la raza negra 939,750, la anglo 1, 558,667 y la hispana 3, 091,019. (Gráfica 14)

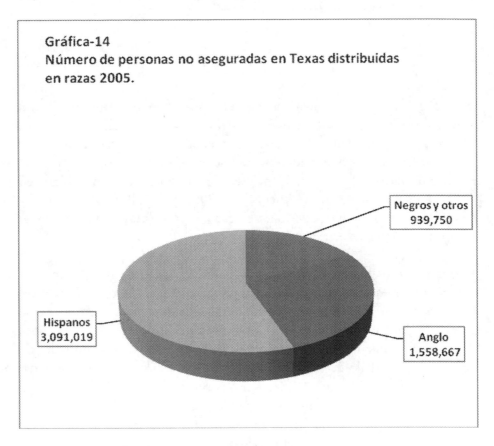

Gráfica-14
Número de personas no aseguradas en Texas distribuidas en razas 2005.

Negros y otros
939,750

Hispanos
3,091,019

Anglo
1,558,667

Fuente: U.S. Census Bureau

Estimación en número y porcentaje de no asegurados por edades y razas en el estado de Texas 2005

ANGLO			
Grupo de edades	Población 2005	Núm. no asegurados	% No asegurados
0-17 AÑOS	2,420,919	313,910	13.00
18-34 AÑOS	2,505,662	560,509	22.40
35-44 AÑOS	1,643,895	245,175	14.90
45-64 AÑOS	3,096,629	421,998	13.60
65+ AÑOS	1,578,522	17,075	1.10
TOTAL	11,245,627	1,558,667	13.90

HISPANOS			
Grupo de edades	Población 2005	Núm. no asegurados	% No asegurados
0-17 AÑOS	2,711,098	879,495	32.40
18-34 AÑOS	2,465,729	1,233,604	50.00
35-44 AÑOS	1,143,554	478,825	41.90
45-64 AÑOS	1,267,466	474,753	37.50
65+ AÑOS	442,117	24,342	5.50
TOTAL	8,029,964	3,091,019	38.50

NEGROS Y OTROS			
GRUPO DE EDADES	POBLACION 2005	NUM. NO ASEGURADOS	% NO ASEGURADOS
0-17 AÑOS	1,016,939.00	240,150.00	23.60
18-34 AÑOS	998,297.00	351,968.00	35.30
35-44 AÑOS	563,732.00	144,630.00	25.70
45-64 AÑOS	757,559.00	189,685.00	25.00

65+ AÑOS	251,206.00	13,317.00	5.30
TOTAL	3,587,733.00	939,750.00	26.20

Fuente: U.S. Census Bureau(tabla 3)

TOTAL	
NUM. DE NO ASEGURADOS	% DE ASEGURADOS
1,433,555.00	23.30
2,146,081.00	36
868,630.00	25.9
1,086,436.00	21.2
54,734.00	2.4
5,589,436.00	24.5

Fuente: U.S. Census Bureau (tabla 4)

De una población total en Texas de 23, 507,783 habitantes, el número de no asegurados es 5, 589,436 habitantes, esta información es al 2005.

Esto representa que el 23.77% de la población en Texas, se encuentra sin seguridad médica, datos recientes ya mencionados demuestran que esta situación va en aumento. Es una población considerable para brindarle el servicio de Turismo de salud médico, en Tamaulipas.

V.- Oportunidades para México.

La falta de seguro de salud médico en la población estadounidense que radica en las fronteras con México, se han visto en la necesidad de acudir al vecino país, para atender sus problemas de salud, ya sea consultar al médico, al dentista o a comprar medicina, les resulta más económico y de mayor confiabilidad. La mayoría de estos pacientes extranjeros son de origen hispano de escasos recursos, se cree que sean del 90 al 95 por ciento que se atienden en México. Otros se trasladan desde ciudades alejadas de la frontera para su atención médica a México, tal es el casos de Las Cruces, (Nuevo México), Houston (Texas). " Si no fuera por los doctores se Ciudad Juárez, El Paso tendríamos mayores problemas de salud e índices de muerte más elevados" afirma la Dra. Nuria Homedes, especialista en salud pública de la Universidad de Texas en El Paso, "No son únicamente hispanos los que acuden a México a atenderse" según Homedes y añadió que la medicina que les recetan los doctores mexicanos la compran en farmacias mexicanas. "Los doctores mexicanos son tan bueno como los estadounidenses" señalo Moya; un factor más que impulsa a la comunidad fronteriza en especial a los Mexicoamericanos es el trato que les brindan los doctores. El mexicano prefiere que el médico lo atienda con cortesía, que le brinde tiempo para una explicación a sus preguntas y le conteste llamadas telefónicas para aclarar algunas dudas si ellos lo requieren, esto no sucede en los con los médicos de Estados Unidos, estos no cuentan con personal especializado, los pacientes tienen que esperar varias horas para ser atendidos y reciben una actitud despersonalizada por parte de los médicos que los atienden.

El aumento de personas que cruzan las fronteras para su atención médica surgió en los últimos 15 años, a causa de las restricciones del Medicaid, Medicare y algunos programas de Gobierno de Estados Unidos para la población de escasos recursos económicos. Los estadounidenses se ahorran miles de dólares al año por atender su salud en México.

Esta es una oportunidad para Tamaulipas, se debe de involucrar en la creación de pequeñas y medianas empresas.

En el 2003 se inauguró en los consulados mexicanos, un programa llamado Ventanilla de Salud (*Health stations)*, este programa ayuda a la población de hispanos-mexicanos, residentes en Estados Unidos, asesorándola e informándola sobre temas de salud y derechos del paciente, a su vez el gobierno mexicano identifica las necesidades de esta población, este programa podría ser un vínculo para acercarnos a aquellas personas que no solo requieran una consulta, sino una continuidad para su atención médica. La creación de seguros médicos binacionales entre Estados Unidos y México, será otra alternativa para atraer el mercado de salud, esta propuesta pretende ampliar los beneficios de los asegurados, más allá de la medicina preventiva.

VI.- Cluster on line profesional: competitividad en Pymes de salud.

Un clúster on line profesional, (unión de mano de obra entre profesionales con diferentes especialidades para competir en un fin común en la web) es la concentración de una diversidad de manos de obra, relacionados entres si, dentro de una misma zona geográfica, creando núcleos productivos con una diversidad de conocimientos y así brindar ventajas competitivas al sector productivo actual. Existen diversas tipos de cluster: industrial, automotriz, tecnologías de la información, turismo, servicios de negocios, minería, petróleo, gas, productos agrícolas, trasporte, logística entre otros.

El poder conocer las playas de Tamaulipas, la Carbonera, Bagdad, Barra del toro y Miramar, participar de un torneo de pesca o de cacería, realizar una excursión en la reserva El Cielo y conocer otros lugares de interés, combinado con un tratamiento médico, enfocado para el turismo internacional, están surgiendo con éxito en la India, México y otros países de Latinoamérica. Fuera de Estados Unidos, algunos lugares turísticos como México comienzan ha comercializar entre los Norteamericanos sus ventajas, ofreciéndoles paquetes vacacionales y servicios médicos no disponibles en su país. Podremos dar frente a estas exigencias internacionales, en la creación de clúster on line profesional *y PYMES de salud*. Donde el médico y la enfermera combinen sus habilidades, con el Licenciado en Informática (para su publicidad en la Internet, consultas, citas, dudas y emergencias etc. las 24 horas, mantenimiento paginas web, etc.), el Contador (como redituar los recursos de la empresa y pago de impuestos, etc.), Lic. En Turismo (elabore paquetes de viaje que incluya transporte, traslados hoteles, comidas, diversiones y hotel), el administrador etc. E integrar otras profesiones según se requiera, en forma asociada y trabajar con un fin común, satisfacer las demandas del turismo médico, con apoyos económicos del gobierno o instituciones bancarias. Tamaulipas podrá dar frente a esta debilidad del vecino país y competir ante la Globalización.

El Instituto Carso de la salud apoyará a la creación de empresas sociales de salud, con la finalidad de apoyar a médicos titulados y enfermeras a que colaboren juntos apoyados con un crédito para iniciar una micro clínicas. "Las primeras seis empresas sociales en salud se abrirán en el

Distrito Federal y los Estados de México, Michoacán, Zacatecas, Jalisco y Chiapas. Serán parte de la prueba piloto y si todo funciona bien, la promoción será masiva" subrayó en entrevista el presidente ejecutivo del instituto, Julio Frenk Mora.

El gobierno del estado con el nuevo *"Proyecto Turístico"*, ofertando la Licenciatura en Turismo, firmándole "Convenio general en materia científica y tecnológica, suscrito por el Gobernador Eugenio Hernández Flores, el Secretario de Turismo del Gobierno Federal, Rodolfo Elizondo Torres y el Rector de la UAT José Ma. Leal Gutiérrez, para participar en los programas de capacitación, prácticas profesionales, apoyo a las actividades de vinculación, actualización, servicio social, investigación y desarrollo entre las partes" Boletín informativo UAT 13 de Junio 2008.

Estrategia a seguir para atraer a este turismo inteligente de salud, presentadas no por orden de importancia:

⇒ En la era de los avances tecnológicos, la Internet es una estrategia fundamental para promocionar información, por medio de una agencia de viaje turística on line de salud, este tipo de servicios al alcance de una población internacional, enfocada a diversos niveles económicos. Esta agencia vinculará al turismo a encontrar un médico certificado y especializado si así lo requiere el paciente, administrará que los costos sean competitivos al mercado actual, estar al pendiente de los pacientes y sus acompañantes, vigilar su traslado de llegada como el de salida, contar con personal capacitado en idiomas si así lo requiere el paciente, planear la estancia de los acompañantes a lugares turísticos, sin descuidar sus intereses personales por su religión, comida y prioridades, etc. (se recomienda una investigación posterior)

⇒ Crear planes o paquetes de seguros de salud y vacacionales, públicos o privados con diferentes coberturas y costo, un plan básico de consultas o mantenimiento de salud, con plan vacaciones o sin el y un segundo plan en el cual se incluya aparte del servicio básico, intervenciones quirúrgicas, con plan vacacional o sin plan, sí lo requiriera el paciente. Con aportaciones mensuales, para no crear un desembolso mayor al momento de una emergencia, todos estos planes se basarían de un historial médico de los asegurados, con la finalidad de presupuestar sus mensualidades al plan de salud médico, que se desee adquirir. Dando a conocer una lista los doctores certificados, según su especialidad, y los hospitales. Establecer precios competitivos de acuerdo a cada servicio médico. (se recomienda una investigación posterior)

⇒ Ampliar alianzas con el gobierno de Estados Unidos, en específico con las secretarías de salud, con la finalidad de vincular información y proporcionar asistencia médica a la población que así lo requiera, y que no califique dentro de sus coberturas de salud. ""Xochitln Castañeda, directora de la organización que lidera el proyecto, dijo que el seguro binacional será la solución para millones de inmigrantes que no tienen cobertura en ninguno de los dos países por lo que incurre en gastos excesivos cuando ellos o sus familiares necesitan atención médica, enfatizó que el seguro binacional beneficiará no solamente a los mexicanos sino además a un millón de ciudadanos estadounidenses que actualmente viven en México y que se retiraron allá porque les rinde más la pensión que reciben de USA". Consultando el aspecto legal en materia de salud y migración de ambos países. (se recomienda una investigación posterior)

⇒ Conocer nuestros posibles aliados y trabajar en conjunto, no competir más bien apoyar a este tipo de inversiones con nuestra mano de obra como lo es el caso de las farmacias similares, soriana que cuentan con consultorios y venden sus medicamentos a bajo costo, fuente de financiamiento nacional, y muy pronto los Wal-Mart establecidos en México, pretenden incursionar en abrir consultorios médicos, Medi-Mart dentro de sus supermercados, contando con 250 medicamentos genéricos (GI). Estos supermercados están creciendo y podríamos ser candidatos a trabajar con ellos.

⇒ Mejorar nuestra calidad profesional, certificando a nuestros profesionistas y clínicas, hospitales con los diversos organismos que así lo requieran a nivel nacional como internacional, para brindar mayor confiabilidad, con el turismo extranjero no solo hispano, sin olvidar el toque humanista que caracteriza a los mexicanos. Dentistas que ejercen en Ciudad Juárez, cuentan con traslado para sus pacientes residentes en el extranjero, brindar la venta de los medicamento, atenciones telefónicas si ellos lo requieren, dominar el idioma inglés es otro valor agregado que tendrían estos pacientes. Competir en los standards de Salubridad Internacional. Proporcionar instalaciones adecuadas a esta práctica de salud.

⇒ En el caso de los Psicólogos, se podrá prestar el servicio en Tamaulipas, con la visión de consultar las leyes migratorias y solicitar la entrada de estos, al interior del país y dar atención a la población estadounidense que lo requiera, por no poder trasladarse a la frontera por cuestiones económicas o por su misma enfermedad mental.

Es un gran desafío para Tamaulipas, se requiere de unir esfuerzos con profesionistas capacitados y con deseos de atraer el turismo de salud inteligente a Tamaulipas y prepararnos en la formación de CLUSTER ON LINE PROFESIONAL en la creación de PYMES DE LA SALUD en Tamaulipas con apoyos económicos públicos o privados.

Conclusión

Los problemas económicos y de salud que padece la población Norteamericana, causados por diversos factores, desde malos hábitos alimenticios, hasta trastornos mentales, han hecho que la gran potencia se encuentre en una cuerda floja en el área de servicio de seguros médicos. Cuarenta y seis millones de habitantes de este país no cuentan con seguro médico, las causas más frecuentes son porque los empleadores no les brindan este servicio a sus trabajadores, menos a sus familias, el no calificar a un programa de cobertura médica del gobierno. Este país lo conforman una diversidad de razas y estas minorías son las que ponen a este, en peligro de sufrir una crisis de salud, al enfocarnos al estado de Texas observamos de la población total de 23, 507,783 habitantes, el número de no asegurados es 5, 589,436 habitantes, esta información es al 2005. Esto representa que el 23.77% de la población en Texas, se encuentra sin seguridad médica esta situación va en aumento.

Se atienden en consultorios mexicanos. No solo nos visitan las personas que radican en las zonas fronterizas de Texas, viajan kilómetros para tener una atención personalizada y surtir sus medicinas. Esta debilidad del vecino país la podemos aprovechar creando CLUSTER ON LINE de profesionistas y PYMES DE SALUD, como lo está haciendo el Instituto Carso. En donde el Médico y la Enfermera, se asocien con el Contador, el Administrador, el especialista en Sistemas y Turismo, u otras profesiones que así se requieran, brindando mano de obra diversificada pero trabajando con un fin común, atraer el turismo internacional en su atención médica y recreativa. Competiremos con las demandas actuales internacionales que se presentan como oportunidad para Tamaulipas.

Referencias

1.-Agencias el Universal 21/08/07

India abarata su turismo médico. 28/02/08

www.el universal.com.mx/artículos/42145.html

2.- Argenpress

Alrededor de 20 millones de trabajadores no tienen seguro médico en Estados Unidos. 03/02/08

www.rebelion.org/imperio/040511seguro.htm

3.- BBC MUNDO, 27/08/01

Discriminación en servicios médicos. 28/02/08

www.news.bbc.co.uk/hi/spanish/science/newsid_1511000/1511821.stm

4.-Berman, Jessica,

Los altos costos de salud llevan a más estadounidenses a la inseguridad.

11/01/08

www.contactomagazine.com/articulos/crisisdesalud0707.htm

5.- Candia, Adriana

Prefieren medicinas mexicanas en la frontera. 28/02/08

www.nmsu.edu/-frontera/old_1996/mar96/frontera8.html

6.- Centro para el control y la prevención de enfermedades CDC

19/05/08

www.cdc.gov

7.- EFE, 07/04/05

Millones de trabajadores podrían perder su seguro de salud. 03/02/08

www.rel-uita.org/salud/usa-seguro-salud.htm

8.- EFE,

Sin seguro médico 6 millones de texanos. 20/05/08

www.univision.com/content/print.jhtml?cid=141749&FilePath=/chanel/locales/&Commonimagen.htm

9.- EFE, 19/06/07

Proponen creación de seguro médico binacional entre USA y México. 27/02/08

http://mx.starmedia.com/noticias/saludyciencia/mexicousa_197782.html

10.- EFE

Brote de salmonela en Estados Unidos. 13/06/08

www.univision.com/content/print.jhtml

11. El Financiero, 04/06/08

Detectan epidemia de salmonella en Estados Unidos. 13/06/08

www.freshplaza.es/print.asp?id=7392

12.- El Financiero, 16/06/08

¿Qué es cluster industrial?, 16/06/08

El Financiero

13.- Escobedo, Luis G, Cárdenas, Víctor M. 01/05/06

Utilization and purchese of medical care service in Mexico bye residents in the United States of America, 1998-1999. 28/02/08

http://base.birime.br/cgi-bin/wxislind.exe/iah/online/?IsisScript=iah/iah.xis....

14. - Families USA, 01/06/04

Residentes de Texas sin seguro de salud. 24/05/08

www.familiesusa.org

15.- Firgoa, 05/05/07

México: Coquetea Wal-Mart con mercados de servicios médicos., 28/02/08

http://firgoa.usc.es/drupa/node/35614

16.- Giovine, Patricia, EFE, 22/05/07

Hispanos van al doctor en México., 28/02/08

www.univision.com/content/content.jhtml?cid=1315540

17.- Healthday,

En EE.UU. muchas enfermedades entran por la boca, 19/05/08

www.terra.com/salud/articulo/html/sa118454.htm

18.- Healthday, 03/05/08

Tratar las infecciones estomacales previenen el cáncer., 19/05/08

www.terra.com/salud/articulo/htm/sa18670.htm

19.- Healthday, 03/05/08

Alrededor del ochenta por ciento de las muertes relacionadas con la hipertensión del mundo ocurren en países en desarrollo, según muestra un estudio reciente de investigadores neozelandeses. 19/05/08

www.terra.com/salud/articulo/htm/sa18675.htm

20.- Healthday, 28/02/08

Hispanos "gorditos", en EE.UU., a un paso de ser diabéticos. 19/05/08

www.terra.com/salud/articulo/htm/sa17991.htm

21.- Healthday, 24/04/08

Cada día hay menos cirujanos generales en EE.UU. 19/05/08

www.terra.com/salud/articulo/htm/sa18672.htm

22.- Healthday, 09/07/07

El turismo médico, una tendencia creciente. 19/05/08

www.terra.com/salud/articulo/html/sal11984,2.html

23.- Hernández, Streit Karin, 29/04/08

Secretos y claves para negociar con China. 23/05/08

http:///beta.americaeconomia.com/imprimir-nota.php?id69637

24.- Instituto de loa mexicanos en el Exterior. 01/07/04

Ventanilla de Salud. 24/05/08

www.sre.gob.mx/ime

25.- Koppel, Martin, 01/10/04

Preparan ataque al seguro social. 04/02/08

www.perspectivamundial.com/2004/2809/280903.shtml

26.- Krugman, Paul. 07/02/08

Los candidatos demócratas y el sistema de salud. 13/06/08

www.eluniversal.com.mx/columnas/vi_69789.html

27.- López, Adán, 23/08/08

Instituto Carso apoyará negocios de médicos. 23/05/08

El Financiero

28. - Morbidity and mortality weekly report, 20/03/08

Cuatro de cada cien mil tiene tuberculosis en EEUU. 19/05/08

www.terra.com/salud.com/articulo/html/sa118250.html

en, D'Ann y Assanie, Laila. 01/10/05

La cara cambiante de Texas: Las proyecciones de población y sus implicaciones. 20/05/08 www.dallasfed.org/entrada/articles/2005/sp_fotexas_petersen.html

30.- Sowell, Tomas. 18/09/07

¿Sin seguro médico en loa Estados Unidos? 27/02/08

www.gees.org/articulo/4480.htm

31.- Terra, 11/08/05

Texas se convierte en cuanto estado sin mayoría blanca no hispana. 14/06/08

http://php.terra.com/templates/imprime_articulo.php?id=act199932.htm

32.- Terra, 29/06/07

Texas lidera crisis nacional del sistema de salud. 19/05/08

www.terra.com/salud/articulo/html/sal11899.htm

33.- Texas state data center.

Estimates of the number and porcen uninsured bye age, race,ethnicity for countries in Texas, 2005. 20/05/08

http://txsdc.utsa.edu/abt_sdc.php

34. - U.S. Census Bureau.

15/05/08

www.census.gov

35.- Unity Health Insurance

Comparación de sistemas de salud entre Estados Unidos y los países de habla hispana. 25/05/08 www.unityhealth.com

36.- Univisión. 12/10/07

Darán servicios médicos a inmigrantes. 28/02/08

www.univision.com/content/content.jhtml?cid=1315540

37.- Westlund, Richard. 01/01/00

Turismo médico: Una tendencia que conquista las américas. (Enfermos viajeros)(TT: Medical tourism: a tendency to coquer the Americas.) (TA: Traveling ailing people). 28/02/08

www.accessmylibrary.com/coms2/summary_0286-32199334_itm

38.- Terra. 11/04/08

Millones de Estadounidenses sufren ansiedad social. 19/05/08

www.terra.com/salud.com/articulo/html/sa118446.3.html

39.- Turismo de salud en Kerala, India. 06/02/08

www.hoteleskerala.com/india-health-turism.htm

CAPITULO IV

Breve Panorama del Comercio Electrónico en China y México: de Negocio a Consumidor y de Consumidor a Consumidor

Adán López Mendoza
Jesús Manuel Romero López
Ramón Ventura Roque Hernández
Juan Manuel Salinas Escandon

Introducción

Aunque puede existir la percepción de que México y la República Popular China (en adelante China) tienen niveles de desarrollo diferentes, según el Reporte de Competitividad Global del Foro Económico Mundial 2010-2011 ambas naciones se encuentran en la fase 2 (*Efficiency driven*) de las etapas de desarrollo que considera el citado reporte para realizar su análisis. Por un lado, China se coloca con un puntaje de 4.8 mientras que México obtiene 4.2. (World Economic Forum, 2011) Podemos entonces decir que tanto China como México se encuentran en niveles de desarrollo similares, las economías de ambos países son consideradas como economías de mercados emergentes por el Fondo Monetario Internacional (International Monetary Fund, 2012). Aunque por supuesto no hay que perder de vista que en los últimos años China ha experimentado tasas de crecimiento mayores a México en su Producto Interno Bruto (PIB) (Chinability, 2011)

Asimismo, en el reporte del WEF se hace mención de algunos de los factores problemáticos para realizar negocios en los países. Nuevamente aparecen algunas similitudes entre México y China, pues tienen en común los siguientes factores: "difícil acceso al financiamiento", "corrupción" y "burocracia de gobierno ineficiente". (World Economic Forum, 2011)

China cuenta con un alto volumen de operaciones en comercio electrónico —se estima que sus compradores en línea son alrededor de 193 millones— condiciones económicas favorables —el crecimiento del PIB para 2011 fue de 9.2%—, existen instituciones gubernamentales (MOFC, MII, NBSC, PBOC, CIECC, CNNIC,) y diversas organizaciones (BCG, CNZZ, CCID) estudiando el fenómeno, además de un impulso por parte del gobierno a través del Ministerio de Comercio para realizar negocios electrónicos y un estricto control y regulación de la Internet que ha emprendido su gobierno aproximadamente desde 1996.

En México, desde hace algunos años —aproximadamente desde la mitad de la década de 1990— también se han iniciado actividades de comercio electrónico Consumidor a Consumidor y Negocio a Consumidor. Existen algunas organizaciones que se interesan por esta actividad como la Asociación Mexicana de Internet (AMIPCI), GS1 México (antes Asociación Mexicana de Estándares para el Comercio Electrónico), entre otras. Por parte del gobierno mexicano existen algunos esfuerzos en cuanto a la atención a delitos informáticos con la creación de algunas direcciones generales en materia de informática y la Internet dependientes de la Policía Federal, la promulgación de la Ley Federal de Protección de Datos Personales en Posesión de Particulares, la reforma a la La Ley Federal de Protección al Consumidor. Es importante mencionar también la reciente modificación —en marzo de 2012— al Código Penal Federal para sancionar los delitos informáticos.

Objetivos

Los objetivos principales de esta investigación son los siguientes: a) Mostrar el rápido y reciente crecimiento del comercio electrónico en la República Popular China en los sectores de Negocio a Consumidor y de Consumidor a Consumidor e identificar los factores que han contribuido para su éxito; B) Mostrar la evolución y datos recientes del incipiente auge del comercio electrónico en México en los sectores Negocio a Consumidor y de Consumidor a Consumidor y determinar factores para su posible éxito y crecimiento en los próximos años. [1]

Metodología

La metodología empleada en esta investigación es la consulta de la literatura del comercio electrónico, estadísticas de instituciones gubernamentales, organizaciones internacionales, consultoras y otras organizaciones dedicadas al estudio del comercio electrónico y la economía tanto en México como en la República Popular China. Después de analizar la información consultada, se sugieren algunas recomendaciones para el comercio electrónico en México sobre los dos sectores del comercio electrónico abordados, de Consumidor a Consumidor y de Negocio a Consumidor.

Conceptos de Comercio Electrónico

Laudon (2010) define al Comercio Electrónico como el uso de la Internet y la **World Wide Web** para llevar a cabo transacciones de negocios. O bien, transacciones comerciales llevadas a cabo digitalmente entre organizaciones e individuos.

Cabe mencionar que el concepto de comercio electrónico ha estado en constante evolución. Guerrero y Rivas (2005) presentan una interesante revisión de la literatura sobre el tema en los años de 1996 a 2002. En su investigación muestran la amplia variedad de conceptos propuestos por teóricos y organizaciones.

---

[1]   Es importante hacer la aclaración que aunque se presentan algunas cifras de la Internet y del comercio electrónico de ambos países y en las cuales se observan grandes diferencias, el objeto principal de este estudio es mostrar los aspectos cualitativos que se consideran positivos del comercio electrónico en China para su posible aplicación en México.

Existen distintas modalidades de Comercio Electrónico, que se clasifican de acuerdo a la naturaleza de la relación con el mercado, entre ellas se encuentran los siguientes: De Negocio a Consumidor (**B2C, Business to Consumer**), **(C2C, Consumer to Consumer)** de Negocio a Negocio (**B2B, Business to Business).** Existen también otras modalidades de Comercio Electrónico que se clasifican de acuerdo al tipo de tecnología que utilizan para su operación, como son el Comercio móvil (**MC, Mobile Commerce**) y Comercio de Punto a Punto **(P2PC, Peer to Peer Commerce)** (Laudon, 2010).

Para la comprensión del presente artículo nos enfocaremos en la definición de las modalidades de Negocio a Consumidor y de Consumidor a Consumidor.

Comercio Electrónico de Negocio a Consumidor. Empresas en la Internet que venden sus productos o servicios a consumidores individuales (Laudon, 2010). En México, ejemplos de esta modalidad son el sitio web de la compañía aérea Aeroméxico o el sitio de la librería Gandhi.

Comercio Electrónico de Consumidor a Consumidor. Provee una forma a los consumidores para vender productos y servicios a otros consumidores con la ayuda de un creador de mercado en la Internet. (Laudon, 2010). Un ejemplo de esta modalidad en nuestro país es el sitio DeRemate o bien el sitio MercadoLibre.

El Comercio Electrónico es parte de la llamada "revolución digital" (Solís, **et. al.**, 2001) que se ha gestado y consolidado con la aparición de nuevas Tecnologías de la Información (TI) y su adopción por parte de la sociedad. Para analizar este fenómeno contemporáneo es menester tener en cuenta tres elementos, economía, empresas y sociedad (Turban, 2010).

La "economía digital" se define como una economía que está basada en tecnologías digitales, incluyendo redes de comunicación digital (la Internet, intranets, extranets, etcétera) computadoras, software y otras TI relacionadas. Turban también menciona que la economía digital es algunas veces llamada la "economía de la Internet" (Turban, 2010) o la "nueva economía" (Castells, 2001) (Turban, 2010). Por otro lado, teóricos como Michael Porter han argumentado que no necesariamente se trata de una nueva economía sino que la Internet es simplemente una tecnología habilitadora o un conjunto de herramientas poderosas utilizadas en alguna estrategia de negocios (Porter, 2001).

La "empresa digital" es un nuevo modelo de negocios que utiliza TI en forma fundamental para alcanzar uno o más de tres objetivos básicos: 1. alcanzar y atraer nuevos clientes de forma más efectiva 2. Mejorar la productividad de los empleados y 3. Mejorar la eficiencia operativa (Turban, 2010). Castells (2001) afirma que la empresa fue fundamental para la rápida y amplia difusión de la Internet y sus usos, también menciona que la Internet transformó la relación de la empresa con los proveedores, los clientes, en su gestión, proceso de producción, entre otros aspectos.

El elemento final es la gente y la forma en que vive e interactúa, la sociedad. Turban señala que la "sociedad digital" ha modificado las formas de vida contemporáneas en diversas actividades como el trabajo, la educación, las compras, viajes, cuestiones médicas, entre otras. (Turban, 2010)

Comercio Electrónico en China

China tiene alrededor de 500 millones de usuarios de la Internet. Es el país con mayor número de usuarios en el mundo (Internet World Stats, 2012). Su población es de aproximadamente 1.3 billones de habitantes (National Bureau of Statistics of China, 2011). Por lo tanto, aproximadamente el 38% de la población utiliza esta tecnología. Un factor que puede estar influyendo en la penetración de la Internet son los bajos costos por acceder a Internet de banda ancha ya que los costos mensuales son de alrededor de 10 dólares (Boston Consulting Group, 2012).

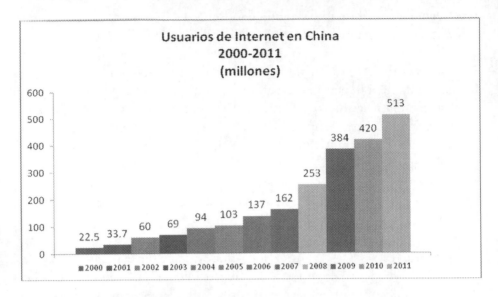

Fuente: Elaboración propia con datos de Internet World
Stats y el China Internet Network Information Center

China cuenta con el mayor número de compradores en línea con alrededor de 193 millones —superando a Estados Unidos que cuenta con aproximadamente 170 millones—. Se estima que de 2012 a 2015 se sumen 30 millones de nuevos consumidores anuales, en el mercado minorista en línea (de Negocio a Consumidor y de Consumidor a Consumidor) se tendrán ventas de aproximadamente 360 billones USD. Lo que los llevará a ser el mercado de comercio electrónico más valioso del mundo (Boston Consulting Group, 2011, 2012).

Después de la recesión económica mundial —iniciada en 2008-2009— el gobierno de China a través de su Ministerio de Comercio intenta elevar el consumo interno, estimular el consumo en línea y alentar a las empresas a desarrollar negocios por la vía electrónica (Ministerio de Comercio de China, 2009). Aún con los impactos de la recesión económica para 2011 el Producto Interno Bruto (PIB) de China creció al 9.2% según su Buró Nacional de Estadística (China.org.cn, 2012)

La mayoría de las operaciones de Comercio Electrónico de Consumidor a Consumidor y de Negocio a Consumidor están concentradas en las grandes urbes (Web2Asia, 2009) como Shangai, Beijing, Tianjin,

Guangzhou, Shenzhen, Chengdu, entre otras, aunque es muy probable que con la creciente penetración de la Internet, el comercio electrónico se incremente y se expanda rápidamente a otras ciudades de menor tamaño.

El sitio con mayor número de operaciones de Consumidor a Consumidor es Taobao, con una captación aproximada del 80% del total de operaciones (Boston Consulting Group, 2011). Para 2009 la mencionada empresa tuvo ganancias por $220 millones USD (Interfax, 2010).

En el sector de Negocio a Consumidor uno de los sitios web protagonistas es la compañía minorista Dangdang. En su reporte financiero del segundo trimestre de 2011 la empresa reportó ganancias por $ 122.3 millones USD. Además, en dicho reporte anunció también su aplicación para iPhone para incursionar de manera más directa al comercio electrónico en dispositivos móviles. Previamente anunció también su aplicación para Android. Tiene aproximadamente 4.6 millones de usuarios activos. (Newswire, 2011).

Los sitios mencionados anteriormente son los que tienen mayor volumen de ventas, sin embargo, con base en datos de CNZZ Data Center para 2010 en total existen alrededor de 18, 600 sitios web que realizan actividades de comercio electrónico, de los cuales el 80% se encuentra en el sector de de Negocio a Consumidor (Global Times, 2011).

Un caso especial de éxito en China son los sitios llamados *Groupon*. Los cuales obtienen ingresos por medio de colocación de publicidad como "la oferta del día". Funciona de la siguiente manera: el sitio *Groupon* promociona "las ofertas del día" (en su página web, por correo electrónico, sitios web de red social como facebook, twitter, etcétera) de distintos productos de diversas compañías (con las que tiene convenio), en caso de estar interesados los usuarios del sitio obtienen un cupón de descuento que llevan físicamente (o en su dispositivo portátil) al negocio de la localidad donde reciben el descuento, posteriormente el negocio paga al sitio *Groupon* una comisión por haberle conseguido clientes. (Groupon, 2012)

Como menciona Ran (2010) Este modelo de negocio (iniciado en Estados Unidos, con la compañía Groupon, (www.groupon. com) ha funcionado exitosamente en China pues para 2010 existen aproximadamente 1210 sitios tipo *Groupon.* Uno de los sitios más exitosos en China es Lashou. (http://www.lashou.com)

El total de ventas de Comercio Electrónico para 2009 de Negocio a Consumidor y de Consumidor a Consumidor fue de aproximadamente 36.6 billones USD (Forbes, 2010). Para 2010 en ambos sectores se tuvieron ventas por 77.7 billones USD con base en datos del China E-Business Research Center y el CNZZ Data Center (Global Times, 2011)

La empresa consultora CCID Consulting Co. emitió un interesante documento titulado *"China E-Commerce Industry Map White Paper"* en el cual se evalúa el desarrollo del comercio electrónico en el mencionado país. Entre otras cosas, se menciona el incremento de las empresas dedicadas comercio electrónico en la última década. Además, se visualiza a futuro un incremento en la intensificación del comercio electrónico en su región del centro, oeste, este, noreste y centro (CCID Consulting Co., 2011)

Formas de pago

Aunque no prevalecen demasiado las tarjetas de crédito, en China se han adoptado diversas formas de pago como AliPay (http://global. alipay.com/ospay/home.htm) (administrado por Alibaba Group) en el cual se involucra un tercero quien se encarga de realizar la cobranza por la transacción —similar al conocido sistema de pago de PayPal (www. paypal.com)— la diferencia es que en este sistema se realiza el cobro al comprador una vez que éste ha recibido la mercancía. Como medio alternativo existe también en gran medida el pago COD (*Collect on Delivery*) lo cual es una forma cómoda para los compradores en línea (Boston Consulting Group, 2012)

Debido al gran espacio geográfico de China, los clientes tienden a utilizar la Internet para conseguir productos y así evitar viajar largas distancias para conseguirlos. Aunado a esto, es también menester mencionar que los envíos tienen costos bajos, alrededor de 1 USD por kilogramo. (Boston Consulting Group, 2012)

Una de las nuevas tendencias en el comercio electrónico en China es el comercio electrónico móvil. Para finales de 2011 aproximadamente existen 356 millones de usuarios de la Internet móvil con un aumento de 122 millones en el último año. Además, existe un total de 190 millones de *smartphones*. Los datos fueron recabados por medio de una encuesta realizada por el **China Internet Network Information Center** (iResearch Consulting Group, 2012). Además según datos de la consultora IDC en 2011 se incrementaron hasta en un 254 % las ventas de las tabletas respecto al 2010 (Eroski Consumer, 2012) el comercio electrónico móvil tendrá sin duda un mayor auge a nivel mundial y muy probablemente China será un indiscutible protagonista.

Regulaciones respecto a la Internet y Comercio Electrónico

En cuanto a sus normas y regulaciones de la Web, China parece ser uno de los más países más sólidos en el tema alrededor del mundo. Incluso se ha calificado por algunos autores como un gobierno autoritario, como lo muestra Jessica Li en su tesis sobre el control del Internet en China (Li, 2008). En 1998, en China se inicia un proyecto llamado Proyecto Escudo Dorado el cual estaba enfocado en la censura y la vigilancia de Internet por el Ministerio de Seguridad Pública de la República Popular de China, ha sido también llamado **The Great Firewall of China** (el Gran Cortafuegos de China) (Human Rights Watch, 2011) —haciendo referencia a la herramienta para la administración y protección de puertos en una red informática—. Aunque desde antes hubo cierta previsión del gobierno chino por regular lo que ya se dilucidaba como un gran auge de la **Web**.

Algunas de las primeras normas en materia de la Internet promulgadas por el gobierno chino son las siguientes: **Measures on the regulation of computer networks and the Internet** (9 de abril de 1996), **Computer information network and Internet security, protection, and management regulations** (30 de diciembre de 1997) **Measures for managing internet information services** (1 de octubre de 2000), **State secrecy protection regulations for computer information systems on the Internet** (1 de octubre de 2000) (Novex China, 2000). Como es notorio las regulaciones mencionadas anteriormente son de carácter general y se hasan principalmente en la regulación del uso de la infraestructura, la seguridad y la regulación del tipo de tecnología en que se basa la Internet.

Como argumentan Gibbs, Kraemer y Dedrick (2003), las leyes del gobierno de China, al menos hasta 2002 aproximadamente, tienen como finalidad el control social. Sin embargo, muy probablemente tuvieron un impacto positivo en los hábitos de los internautas y las nacientes empresas de comercio electrónico en dicho país. Además, sentaron un precedente para la evolución de un nuevo marco jurídico más específico para el comercio electrónico, lo que ha llevado a construir la confianza en los usuarios para realizar transacciones comerciales por medio de la Internet.

En 2004 se revisa y modifica nuevamente la regulación *"China Internet Domain Name Regulations"* previamente promulgada en 2002. La cual se refiere a la gestión y registro de los nombres de dominio de la Internet. Faculta al Ministerio de la Industria de la Información para administrar los nombres de dominio. Establece los requerimientos para obtener un nombre de dominio (p.ej. www.empresax.cn), documentación requerida para el registro, que contenidos pueden incluirse, así como las sanciones por incumplimiento de lo establecido en la regulación. (China Internet Network Information Center, 2004)

Para 2005 por decreto presidencial entra en vigor la ley "Electronic Signatures Law (ESL) of the People's Republic of China". La ley ESL tiene como principal objetivo establecer validez legal a las firmas electrónicas y salvaguardar los derechos e intereses de las partes involucradas en la transacción comercial. (TransAsia Lawyers, 2005). Ding Ran (2010) argumenta que dicha ley fue establecida como un intento del gobierno chino para proveer un estándar para el comercio electrónico. La citada ley reconoce a las distintas formas de firma electrónica, las cuales pueden ser el nombre escrito al final de un correo electrónico, una huella dactilar digitalizada, una imagen digitalizada de la firma autógrafa adjunta a un documento electrónico y finalmente reconoce la que considera más segura, la firma digital. (Blythe, 2011)

La ley de ESL también establece reglas para la transacción aunque establece que éstas pueden ser modificadas si están de acuerdo las partes involucradas. Además, se un tercero en la transacción que es la Autoridad Certificadora (aprobada previamente por el Ministerio de la Industria de la Información) quien se encarga de emitir los certificados digitales y estar al tanto de que las entidades que desean participar en la transacción sean fidedignas (Blythe, 2011)

El año de 2010 fue crucial para la legislación referente al comercio electrónico en China, pues se promulgan tres regulaciones que están relacionadas más directamente con esta actividad: 1) *"Network behavior of commodity trading and related services Interim Measures"* por la Administración del Estado de Industria y Comercio; 2) *"Administrative Measures for the Payment Services Provided by Non-financial Institutions"* por el Banco Popular de China (Banco central); 3) *"E-credit Certification Rules"* por el *China International Electronic Commerce Centre* afiliado al Ministerio de Comercio (Ran, 2010)

La primera de ellas tiene como finalidad imponer obligaciones para realizar negocios por medio de la Internet, imponer reglas para mantener la calidad del producto y servicio en las transacciones realizadas por la Internet, reforzar la seguridad de la información y privacidad de los clientes, además de establecer una jurisdicción y formas adecuadas para administrar el comercio electrónico (Ran, 2010).

La segunda establece los requerimientos legales para las empresas que funcionen como mediadores en la realización de los pagos en las transacciones de comercio electrónico (ej. Alipay). Algunos de los requerimientos son contar con determinado capital registrado (cerca de 4.5 millones USD) además de estar bajo constante supervisión del Banco Popular de China. (Ran, 2010).

La tercera se refiere a la regulación de los sitios *Groupon*. El éxito de este modelo de negocio ha llevado al *China International Electronic Commerce Centre* a elaborar la mencionada regulación con el fin de otorgar una certificación a los sitios *Groupon* con el objeto de que el usuario pueda tomar la decisión de participar o no en el sitio web. Durante octubre de 2010 se llevó a cabo la primera certificación en la que participaron 300 sitios web de los cuales solamente fueron aprobados 29. (Ran, 2010).

Un ejemplo más de que el gobierno chino tiene interés en impulsar el comercio electrónico es el *E-commerce 12th Five-Year Plan*

(2011-2015) report atendiendo los siguientes temas: atacar el comercio electrónico ilegal, mejorar los derechos del consumidor, mejorar las leyes, regulaciones y estándares del comercio electrónico (ZDNET Asia, 2012)

El vice Ministro de Comercio de China Jiang Yaoping atribuye gran parte del éxito del comercio electrónico debido al ingreso de China a la Organización Mundial del Comercio. De igual forma, espera que las leyes y regulaciones en materia de comercio electrónico se desarrollarán y mejorarán día con día bajo el marco legal de la Organización Mundial del Comercio. Además resalta la importancia de la constante creación de políticas públicas para el comercio electrónico y la próxima creación de un sistema crediticio exclusivo para esta actividad. (Ministerio de Comercio de China, 2011)

Comercio electrónico en México

El INEGI en el documento titulado "Estadística a propósito del día mundial del Internet. Datos Nacionales" (INEGI, 2011) se presentan algunos datos interesantes:

En el gráfico titulado "Usuarios de Internet 2001-2010 (millones)". En el año 2001 existían en México 7.1 millones de usuarios de Internet, para el año 2009 se tenía una cantidad de 27.2 millones de usuarios. Para 2010 esta cifra se incrementó en 32.8 millones de usuarios. (INEGI, 2011). Según datos del Censo de Población y Vivienda del 2010 del INEGI había un total de 112 millones de habitantes en el país, por lo que podemos decir que, para 2010 aproximadamente un 30% de los mexicanos utiliza esta tecnología.

Datos más recientes y estimaciones de la compañía eMarketer mencionan que para el presente 2012 existirán alrededor de 46 millones de usuarios de la Internet con una penetración de alrededor del 40%. Asimismo pronostica que para 2015 existirán alrededor de 60 millones de usuarios con una penetración del 51% aproximadamente (eMarketer, 2011)

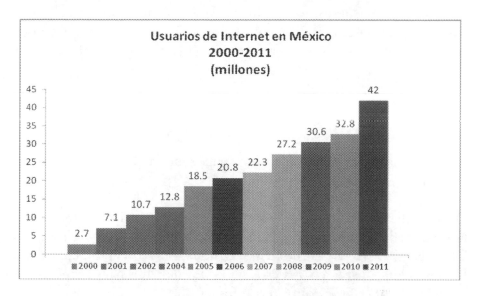

Fuente: Elaboración propia con datos del
INEGI, AMIPCI, Internet World Stats

Como es notorio, en la gráfica presentada anteriormente, el incremento de los usuarios ha estado en aumento a través de los años. Es probable que este crecimiento se deba en gran medida a la disminución de los costos de equipos de cómputo y a la disminución de costos por parte de los proveedores de servicios de Internet (ISP, *Internet Service Providers*). Aunque estas tarifas aún están elevadas en relación con otros países miembros de la OCDE como lo demuestra el reporte "*Communications Outlook 2011*" (OCDE, 2011)

Antecedentes del comercio electrónico en México

En el artículo titulado "El futuro del comercio electrónico en México" Martha Barbosa comenta que son necesarios un conjunto de elementos para que el comercio electrónico en nuestro país pueda desarrollarse de manera efectiva, entre ellos menciona los siguientes: que la persona sepa leer y escribir; contar con un equipo de cómputo; contar con conexión a la Internet; contar con tarjeta de crédito. (Moreno, 2001).

Gibbs, Kraemer y Dedrick (2003) proponen que la distribución de la riqueza es una barrera para la utilización de tecnologías de la información.

Los ingresos en México están distribuidos de forma desigual, por lo tanto, un gran porcentaje de la población no tiene acceso a computadoras personales (PCs) ni acceso a la Internet por no poder costearse dichas tecnologías.

Moreno (2001) menciona que no existe una cultura electrónica y cierto temor por parte de los usuarios para confiar en la transacción por medio de la Internet. Por parte de las empresas critica la falta de visión a largo plazo y resalta la posible falta de recursos de las organizaciones para incursionar en el comercio electrónico.

Otro elemento importante que habilita el comercio electrónico es la capacidad de pago en línea. En los hallazgos de Gibbs, Kraemer y Dedrick (2003) las tarjetas de crédito se utilizan escasamente. Al igual que Barbosa (2001) hacen énfasis en la falta de confianza para proporcionar números de tarjeta de crédito en la Internet.

Nacimiento y evolución del comercio electrónico en México

Palacios (2003) afirma que podemos tomar como el nacimiento del comercio electrónico en México el año de 1993, debido a que en ese año fue cuando se registró el primer subdominio .com.mx con base a datos de NIC-México.

Un par de años más tarde Guerrero y Rivas (2005) proponen un marco conceptual para el estudio de la adopción del comercio electrónico en México enfocado principalmente a las Pequeñas y Medianas Empresas (PyMEs). Clasifican los factores de adopción en los ámbitos de la organización, del cliente, de la competencia y culturales.

Para el análisis del comercio electrónico en nuestro país en la modalidad de Negocio a Consumidor y de Consumidor a Consumidor, un documento que nos sirve de referencia es el informe de resultados del "Primer Estudio AMIPCI de Comercio Electrónico 2005" de la Asociación Mexicana de Internet. En el documento se presentan los resultados de una encuesta que se realizó en 2004 vía correo electrónico a 26 empresas involucradas en el comercio electrónico y del cual se obtuvieron algunas cifras y datos relevantes. (AMIPCI, 2005).

Las ventas totales del comercio electrónico para 2004 son de 210 millones USD aproximadamente ($2,384 millones de pesos). Desde el primero hasta el cuarto trimestre de ese año las ventas fueron incrementándose gradualmente. Los artículos más comprados en la Internet son "Aparatos electrónicos", "Software", "Libros" y "Discos compactos" (AMIPCI, 2005).

Cinco años más tarde el Estudio AMIPCI de Comercio Electrónico 2009 indica que el total de ventas por comercio electrónico en México para 2008 asciende a 1.76 billones USD lo cual es una cantidad muy superior a la lograda en 2004. Un incremento que sin duda nos deja muy en claro el aumento considerable en las operaciones realizadas en dicha actividad en la Internet en México. (AMIPCI, 2009). Otro dato interesante en el estudio es el gráfico "Distribución de Ventas de los productos más vendidos a través de internet 2008". En el gráfico se muestra que los boletos de avión son el producto más vendido vía la Internet con un 79% de la captación de las ventas, posteriormente le sigue "Computación y accesorios" con el 7%, "Boletos de espectáculos" con el 3% y "Noches de hotel" con un 2%. (AMIPCI, 2009)

Para 2011 la AMIPCI presenta el "Estudio de Comercio Electrónico 2011". Destaca en este documento que se aumenta la muestra de empresas encuestadas a 80. Las ventas totales para 2010 fueron de aproximadamente 2.9 billones USD (36.5 mil millones de pesos)

En primer lugar, siguen apareciendo los "Boletos de avión/camión" como el producto más vendido por medio de la Internet con un 16%, seguido por "Boletos de espectáculos" con el 9%, "Reservaciones de hotel" con el 8%, "Aparatos electrónicos" con el 7% y "Ropa y accesorios" con el 6%. (AMIPCI, 2011)

Formas de pago

La forma de pago para realizar compras por Internet en 2004 es principalmente la tarjeta de crédito con un 45%, seguido por depósito bancario con 34% y efectivo (COD, **Collect on Delivery**) con solo el 10%. (AMIPCI, 2005)

Para 2011 al igual que en estudios anteriores la forma de pago predominante sigue siendo la "Tarjeta de crédito" tanto en sitios de Negocio a Consumidor como Consumidor a Consumidor. Según el Reporte Semestral de Evolución de Tarjetas de Crédito Bancarias del Banco de México para el segundo semestre de 2011 existen en México aproximadamente 24.7 millones de tarjetas de crédito (BBVA Research, 2012)

Por otro lado es de resaltar la aparición de una nueva forma de pago (que no se observa en estudios anteriores) la "Transferencia en línea" la cual se ha incrementado con la aparición de la cuenta CLABE (Clave Bancaria Estandarizada) en el 2004. La cual fue establecida con el objeto de realizar una Transferencia Electrónica de Fondos (TEF) o utilizar el Sistema Electrónico de Pagos Interbancarios (SPEI) entre otros trámites bancarios. (Condusef, 2011) (Asociación de Bancos de México, 2004). Posteriormente aparece el "Depósito sucursal" con 27%, lo que puede explicarse en parte debido a que muchos compradores en línea no cuenten con tarjeta de crédito o bien no tienen plena confianza en los medios electrónicos para realizar pagos. Aparece también la utilización del conocido sistema de PayPal (AMIPCI, 2011) popularizado en Estados Unidos principalmente por la empresa eBay.

Confianza en las compras por medio de la Internet

Los resultados del estudio de la AMIPCI arrojaron que el 53% de los encuestados tiene "confianza" en realizar compras por medio de la Internet, el siguiente 28% puede interpretarse como indiferentes ("ni confío ni desconfío"), un 10% comenta que tiene "confianza total", el 8% respondió que no tiene confianza plena y el 1% tiene desconfianza total. (AMIPCI, 2011)

Regulaciones respecto a la Internet y Comercio Electrónico en México

Desde los primeros años de la década del 2000 se inicia la modificación de algunas leyes federales mexicanas para reconocer a las Tecnologías de la Información, los cuales se mencionan más delante. Además, en los últimos años se han creado 2 leyes que impactan de manera directa a las actividades del comercio electrónico en México: la Ley de Protección de Datos Personales (2010) y la Ley de Firma Electrónica Avanzada (2012).

Es importante mencionar también la reciente modificación (marzo 2012) del Código Penal Federal para reconocer y sancionar los delitos informáticos.

Como menciona el "Estudio sobre las perspectivas de la armonización de la ciberlegislación en América Latina" en México se han modificado algunas leyes de carácter civil, mercantil, administrativo y fiscal para reconocer los medios electrónicos Entre ellos se encuentran modificaciones a los siguientes leyes federales mexicanas: Código Civil Federal, Código Federal de Procedimientos Civiles, Código de Comercio, Ley de Instituciones de Crédito, Código Fiscal de la Federación, Ley Aduanera, Ley del Seguro Social, Ley de adquisiciones, Arrendamientos y Servicios del Sector Público, Ley de Obras Públicas y Servicios Relacionados con las Mismas, Ley Federal del Procedimiento Administrativo (Naciones Unidas, 2009).

Firma Electrónica

La firma electrónica como tal, es reconocida por la legislación mexicana en 2003 con la modificación del Código de Comercio (CC) (De Ita, 2004). En específico se definen los conceptos de Certificado, Datos de Creación de Firma Electrónica, Destinatario, Emisor, Firma Electrónica, Firma Electrónica Avanzada (Fiel), Mensaje de Datos, Sistema de Información, entre otros. Además, se establece que la Firma Electrónica tendrá los mismos efectos jurídicos que la firma autógrafa (Congreso de la Unión, 2003).

A principios de 2004 también se reforma el Código Fiscal de la Federación (CFF) en su Capítulo Segundo donde se hace mención del reconocimiento de los medios electrónicos para realizar el pago de las contribuciones fiscales, por medio de documentos digitales y utilizando firmas electrónicas para signar dichos documentos, menciona también como instancias reguladoras al Sistema de Administración Tributaria y el Banco de México (Congreso de la Unión, 2004)

Facturación Electrónica

La facturación electrónica es un mecanismo de comprobación fiscal que utiliza los medios electrónicos para la generación, procesamiento, transmisión y resguardo de documentos fiscales (SAT, 2011). La facturación electrónica tiene también como primer antecedente la modificación del artículo 29 del Código Fiscal de la Federación (CFF) de enero de 2004.

La factura electrónica es un Comprobante Fiscal Digital (CFD), es el equivalente a la factura de papel tradicional. Para emitir un CFD es necesario primero tramitar la Fiel. Algunas de los beneficios obtenidos son los siguientes: reducción de costos por facturación, seguridad y rapidez, disminuye el uso de papel, efectividad en servicio al cliente, mayor control documental, reduce errores en el proceso de generar, entregar y almacenar las facturas (SAT, 2010)

Una organización que impulsó la facturación electrónica en México y ha seguido de cerca su evolución y avances es GS1-México (antes Asociación Mexicana para los Estándares del Comercio Electrónico). A través de una membresía a la asociación, brinda asesoría en actividades comerciales utilizando Tecnologías de la Información desde MIPYMES (Micro, Pequeñas y Medianas Empresas), cadenas comerciales hasta grandes empresas. Tiene alrededor de 15,000 empresas asociadas en México. (GS1-México, 2011)

Ley de Firma Electrónica Avanzada

En enero del 2012 se expide la Ley de Firma Electrónica Avanzada (Fiel), esto representa un progreso importante ya que como se comentó anteriormente la Fiel había sido incluida solamente como una reforma al Código Fiscal de la Federación y al Código de Comercio.

La ley tiene como finalidad regular: el uso de la Fiel y la expedición de certificados digitales a personas físicas; los servicios relacionados con la Fiel; y la homologación de la Fiel con las firmas electrónicas avanzadas por otros ordenamientos legales. Se definen también: las Actuaciones electrónicas; Acuse de Recibo Electrónico; Autoridad Certificadora; Certificado Digital; Clave Privada; Clave Pública; Datos y elementos de identificación; Documento Electrónico; entre otros elementos. (Congreso de la Unión, 2012)

Se define a la Firma Electrónica Avanzada como "El conjunto de datos y caracteres que permite la identificación del firmante, que ha sido creada por medios electrónicos bajo su exclusivo control, de manera que está vinculada únicamente al mismo y a los datos a los que se refiere, lo que permite que sea detectable cualquier modificación ulterior de éstos, la cual produce los mismos efectos jurídicos que la firma autógrafa". (Congreso de la Unión, 2012)

Para el registro de la FIEL ante el Servicio de Administración Tributaria (SAT) se requiere que el usuario se registre por medio del programa "Solcedi"; genere un archivo con extensión. REQ; llenar la Solicitud de certificado de Firma Electrónica Avanzada; programe una cita en un Módulo del SAT (presentando documentos probatorios); con la finalidad de garantizar el vínculo del titular con el certificado se recaba: una fotografía de frente, captura del iris, huellas dactilares, firma autógrafa, documentación de identidad, finalmente se le entrega al usuario el archivo. CER (SAT, 2010)

Reforma al Código Penal Federal para sancionar los delitos informáticos

A la fecha no existía tipificación de los delitos informáticos en la legislación mexicana. En marzo de 2012 se reforma el Código Penal Federal (CPF) para reconocer y sancionar los delitos realizados por medio de las Tecnologías de la Información.

En el Título noveno "Revelación de secretos y acceso ilícito a sistemas y equipos de informática" en el apartado titulado "Acceso ilícito a sistemas y equipos de informática" se aplican sanciones por copiar, modificar, destruir o provocar pérdida de información en sistemas o equipos de informática protegidos por un sistema de seguridad o en sistemas o equipos de informática del Estado; al que estando autorizado para ingresar a sistemas y equipos de informática del Estado modifique, destruya o provoque pérdida de información; a quien estando autorizado para acceder a sistemas, equipos o medios de almacenamiento informáticos en materia de seguridad pública, de instituciones que integran el sistema financiero. Las sanciones van desde seis meses de prisión y cien días de multa, hasta 10 años de prisión y 600 días de multa. (Congreso de la Unión, 2012) Las sanciones más enérgicas son para quienes hayan cometido el ilícito mientras se desempeñaban como funcionarios públicos.

Si bien se trata de solo 7 artículos y solo un capítulo en el Título noveno del CPF llena un hueco legal en la legislación mexicana. Sirve también para sentar precedente para la elaboración de una futura ley más completa y estructurada en materia de delitos informáticos

Ley Federal de la Protección de Datos Personales en Posesión de los Particulares

La Ley Federal de la Protección de Datos Personales en Posesión de los Particulares (LFPDPPP) fue publicada en el Diario Oficial de la Federación en julio de 2010. Tiene como objeto principal "o la protección de los datos personales en posesión de los particulares, con la finalidad de regular su tratamiento legítimo, controlado e informado, a efecto de garantizar la privacidad y el derecho a la autodeterminación informativa de las personas." (Congreso de la Unión, 2010)

En el Capítulo VI "De las autoridades" Sección II "De las autoridades reguladoras" artículo 38 señala que el Instituto Federal de Acceso a la Información (El Instituto) debe "difundir el conocimiento del derecho a la protección de datos personales en la sociedad mexicana, promover su ejercicio y vigilar por la debida observancia de las disposiciones previstas en la presente Ley." En la fracción XI señala también que el Instituto tiene la atribución de "Desarrollar, fomentar y difundir análisis, estudios e investigaciones en materia de protección de datos personales en Posesión de los Particulares y brindar capacitación a los sujetos obligados"

En el Capítulo VI "De las autoridades" Sección II "De las autoridades reguladoras" artículo 43, fracción VIII, señala que es atribución de la Secretaría de Economía diseñar políticas y coordinar la elaboración de estudios referentes al comercio electrónico y promover el desarrollo de la economía digital y las tecnologías de la información.

Con la promulgación de la Ley Federal de la Protección de Datos Personales en Posesión de los Particulares, se crea el Sello de Confianza AMIPCI bajo los argumentos del artículo 44 de la citada ley donde se especifica que:

"Las personas físicas o morales podrán convenir entre ellas o con organizaciones civiles o gubernamentales, nacionales o extranjeras, esquemas de autorregulación vinculante en la materia, que complementen lo dispuesto por la presente Ley [ ] Los esquemas de autorregulación podrán traducirse en códigos deontológicos o de buena práctica profesional, sellos de confianza u otros mecanismos y contendrán reglas o estándares específicos que permitan armonizar los tratamientos de datos efectuados por los adheridos [...] (Congreso de la Unión, 2010)

El sello es un certificado digital que se otorga a las organizaciones que están debidamente establecidas y que respetan el cumplimiento de la privacidad de la información, además de respetar el Código de Ética de la AMIPCI. Algunos de sus objetivos principales son:

Promover la protección de datos personales en línea; Promover la comunicación entre proveedores y usuarios en línea; Fomentar la confianza de los internautas mexicanos; Certificar la constitución legal de las organizaciones establecidas en México, entre otros. (AMIPCI, 2012). Como se muestra en el estudio de la AMIPCI los sellos digitales dan certidumbre y seguridad a los internautas durante el proceso de las compras por la Internet.

Ley Federal de Protección al Consumidor

En mayo del año 2000 se agrega el capítulo VIII Bis a la Ley Federal de Protección al Consumidor (LFPC) en la cual se establecen los derechos de los consumidores en las transacciones realizadas en medios electrónicos. Se establece que la información proporcionada por un consumidor a un proveedor no puede ser retransmitida por este último a otro proveedor que no participe en la transacción; el proveedor debe utilizar alguno de los elementos técnicos disponibles para brindar seguridad y confidencialidad a la información del consumidor; entre otras.

La reforma en agosto de 2010 a la LFPC en el artículo 1 fracción VIII, señala como un principio básico en las relaciones de consumo (entre proveedores y consumidores) "La real y efectiva protección al consumidor en las transacciones efectuadas a través del uso de medios convencionales, electrónicos, ópticos o de cualquier otra tecnología y la adecuada utilización de los datos aportados" (Congreso de la Unión, 2012).

La Ley de la Policía Federal

La Ley de la Policía Federal (LPF) publicada en el Diario Oficial de la Federación en junio de 2009 menciona en el Artículo 8 fracción XLII que la Policía Federal tiene como atribución y obligación: "Realizar acciones de vigilancia, identificación, monitoreo y rastreo en la Red Pública de Internet sobre sitios web con el fin de prevenir conductas delictivas". (Congreso de la Unión, 2012)

El Reglamento de la LPF en el Capítulo Segundo "De la estructura orgánica" fracción VII se estipula que deberá existir una Dirección General de Prevención de Delitos Informáticos, Dirección General del Centro Especializado en Respuesta Tecnológica, Dirección General de Tecnologías de Información Emergentes, los cuales están íntimamente relacionados con la Internet y las actividades del comercio electrónico. (Congreso de la Union, 2010).

Nuevas tendencias

En el mencionado estudio 2011 de la AMIPCI también aparece evidencia del naciente comercio electrónico móvil en México. La tienda en línea más utilizada para realizar compras fue *iTunes* con un 23%, --Apple tiene en venta aplicaciones, música, películas, accesorios para sus dispositivos, entre otros (http://www.apple.com/mx/itunes/)-- Le sigue con 16% las compras por medio de mensajes de texto, 14% a través de los navegadores del celular, 13% a través de aplicaciones de los bancos, 12% utilizando *Android Market*, 12% utilizando *Blackberry Store* y 10% utilizando *OVI* de Nokia. (AMIPCI, 2011)

"Los gobiernos, las empresas y los representantes de los consumidores deben trabajar conjuntamente para educar a los consumidores en materia de comercio electrónico, para alentar a los consumidores que participan en el comercio electrónico, a que tomen decisiones bien informadas, y para incrementar el conocimiento de los empresarios y de los consumidores sobre el marco de protección al consumidor que se aplica a sus actividades en línea." (OCDE, 1999)

Conclusiones

Como se ha mostrado, en los últimos años China tiene un protagonismo mundial en el comercio electrónico en los sectores de Consumidor a Consumidor y de Negocio a Consumidor. El constante análisis del comercio electrónico por instituciones gubernamentales y organizaciones privadas; el bajo costo del servicio de la Internet, las facilidades que presentan los sitios web para realizar las compras y ventas en línea; los bajos costos de envío; un estricto marco jurídico sobre la Internet parecen estar dando buenos resultados. Hay que resaltar que las primeras leyes en materia de Internet en China están vigentes desde hace aproximadamente 15 años, lo cual demuestra que en se tuvo una visión acertada a largo plazo. Es muy probable que los usuarios de Internet en china se sientan mucho más cómodos y seguros de realizar operaciones en línea si su gobierno los protege con una vasta cantidad de leyes y apoya a las empresas en la implementación del comercio electrónico.

Es también una realidad que pronto el comercio electrónico en China se enfrenta a nuevos retos como una mayor protección al consumidor y aparecerán nuevos temas como la cuestión de los impuestos en las transacciones, al incrementarse considerablemente el volumen de ventas en línea se deberán tomar medidas para abordar más directamente el asunto.

Los usuarios de la Internet en México están creciendo considerablemente. La reducción de las tarifas de acceso a la Internet podría eventualmente incrementar el número de usuarios y probablemente aumentar el número de compradores en línea. Los resultados de los estudios de comercio electrónico de la AMIPCI muestran un claro incremento en las operaciones de esta actividad en la Internet. También se muestra que la mayoría de los usuarios de Internet en México utilizan principalmente el comercio electrónico en el sector de viajes, de entretenimiento, electrónica y libros, lo cual nos indica que existe todavía mayor potencial de crecimiento en diversos productos. Un avance significativo son las nuevas formas de pago diferentes a la tarjeta de crédito como la transferencia electrónica.

Aún cuando se han creado algunas leyes y se han modificado códigos federales en México, se propone crear una seric de normas y regulaciones más específicas para la utilización de la Internet y el comercio electrónico en México. Si bien existe un marco jurídico que respalda y protege esta actividad, estas leyes no son conocidas totalmente por los internautas y empresarios mexicanos, en ese sentido, se propone una mayor difusión por parte de instituciones del gobierno y las empresas que tienen mayor experiencia del comercio electrónico. Es importante que tanto las empresas como los consumidores conozcan más a fondo la operación y el potencial de la Firma Electrónica Avanzada y la Facturación Electrónica. Asimismo es fundamental que se realice un análisis del fenómeno más a fondo e intensivo por parte del gobierno mexicano para mantenerse a la vanguardia con todos los temas que se relacionan con esta nueva forma de hacer negocios.

Referencias

AMIPCI. (2005). Primer Estudio AMIPCI de Comercio Electrónico 2005. Asociación Mexicana de Internet. Recuperado el 10 de agosto de 2011 de: http://www.amipci.org.mx/prensa/historico/categoria/2

AMIPCI. (2009). Estudio AMIPCI de Comercio Electrónico 2009. Asociación Mexicana de Internet. Recuperado el 10 de agosto de 2011 de http://www.amipci.org.mx/prensa/historico/categoria/2

AMIPCI. (2011). Estudio AMIPCI de Comercio Electrónico 2011. Asociación Mexicana de Internet. Recuperado el 15 de enero de 2012 de http://www.amipci.org.mx/prensa/historico/categoria/2

AMIPCI. (2011). Sello de Confianza. Asociación Mexicana de Internet. Recuperado el 15 de febrero de 2012 de http://www.sellosdeconfianza.org.mx

Asociación de Bancos de México (2004). Preguntas frecuentes sobre la CLABE. Recuperado el 1 de abril de 2012 de: http://www.abm.org.mx/faqs/clabe.htm

BBVA Research. (2012). El número de tarjetas de crédito se aproxima a su máximo histórico, con cambios en el comportamiento de los cuentahabientes. Recuperado el 1 de abril de 2012 de

http://www.bbvaresearch.com/KETD/fbin/mult/120328_
ObserBancaMexico_121_tcm346-299701.pdf?ts=662012

Blythe, S. (2011). China's E-Commerce Boom and E-Commerce Law.
The new E-signature law and certification authority regulations
(effective 1 april 2005). Recuperado el 15 de noviembre de 2011 de:

http://www.lawtech.hk/wp-content/uploads/2011/01/Presentation-
powerpoint35.pdf

Boston Consulting Group. (2011). Online Retail Sales in China
Will Triple to More than $360 Billion by 2015, as the Internet
Adds Nearly 200 Million Users. Recuperado el 15 de Abril
de: 2012 de http://www.bcg.com/media/PressReleaseDetails.
aspx?id=tcm:12-103641

Boston Consulting Group. (2012). The World's Next E-Commerce
Superpower, Navigating China's Unique Online-Shopping
Ecosystem. Recuperado el 23 de marzo de 2012 de: https://www.
bcgperspectives.com/content/articles/retail_consumer_products_
worlds_next_ecommerce_superpower/?redirectUrl=%2fcontent%2far
ticles%2fretail_consumer_products_worlds_next_ecommerce_superp
ower%2f%3fchapter%3d2&login=true

Castells, M. (2001). La era de la información. Economía, sociedad y
cultura. La sociedad red Vol. 1. Siglo veintiuno editores. México.

Condusef. (2011). Clave Bancaria Estandarizada CLABE. Recuperado el
1 de abril de 2012 de

http://www.condusef.gob.mx/index.php/quienes-somos/
iconoces-la-condusef/777-clave-bancaria-estandarizada-clabe

CCID Consulting Co. (2011). CCID Consulting Depicts China's
E-commerce Industry Layout and Route Map of E-commerce
in Urban Areas. Business Wire (English). Recuperado el 11 de
septiembre de EBSCOhost.

China Internet Network Information Center. (2004). China Internet Domain Name Regulations. Recuperado el 26 de marzo de 2012 de http://www1.cnnic.cn/html/Dir/2005/03/24/2861.htm

China.org (2012). China's GDP growth slows to 9.2% in 2011. Recuperado el 21 de marzo de http://www.china.org.cn/business/2012-01/17/content_24426253.htm

Chinability (2011). GDP growth in China 1952-2011. Recuperado el 14 de febrero de 2012 de http://www.chinability.com/GDP.htm

Congreso de la Unión. (2003). Diario Oficial de la Federación del 29 de Agosto del 2003. Recuperado el día 14 de mayo del 2012 de   http://www.diputados.gob.mx/LeyesBiblio/ref/ccom/CCom_ref29_29ago03.pdf

Congreso de la Unión. (2004). Diario Oficial de la Federación del 5 de Enero del 2004. Recuperado el día 16 de mayo del 2012 de

http://www.diputados.gob.mx/LeyesBiblio/ref/cff/CFF_ref31_05ene04.pdf

Congreso de la Unión. (2010). Reglamento de la Ley de la Policía Federal, Ultima reforma publicada DOF 17-05-2010. Recuperado el día 10 de junio del 2012 de:

http://www.diputados.gob.mx/LeyesBiblio/regley/Reg_LPF.pdf

Congreso de la Unión. (2011). Ley de la Policía Federal, Ultima reforma publicada DOF 25-05-2011. Recuperado el día 30 de mayo del 2012 de:

http://www.diputados.gob.mx/LeyesBiblio/pdf/LPF.pdf

Congreso de la Unión. (2012). Diario Oficial de la Federación del 11 de Enero del 2011. Recuperado el día 25 de mayo del 2012 de

http://dof.gob.mx/nota_detalle.php?codigo=5228864&fecha=11/01/2012

Congreso de la Unión. (2012). Código Penal Federal, Ultimas reformas publicadas dof 14-06-12. Recuperado el día 15 de mayo del 2012 de http://www.diputados.gob.mx/LeyesBiblio/pdf/9.pdf

Congreso de la Unión. (2012). Ley Federal de Protección al Consumidor, Ultimas reformas publicadas dof 09-04-12. Recuperado el día 15 de mayo del 2012 de http://www.profeco.gob.mx/juridico/pdf/l_lfpc_ultimo_camDip.pdf

De Ita Sánchez, M. (2004). Legales y fiscales de la Firma Electrónica en México y España y propuesta de cambio. Universidad de las Américas Puebla. Recuperado el 30 de marzo de 2012 de http://catarina.udlap.mx/u_dl_a/tales/documentos/laex/de_i_m/portada.html

eMarketer. (2011). Internet Users and Penetration in Mexico, 2009-2015. Recuperado el 26 de marzo de 2012 de: http://www.slideshare.net/mobile/iabmexico/emarketer-internet-users-penetration-in-mexico-20092015

Eroski Consumer. (2012). Las ventas mundiales de tabletas aumentaron un 254% el año pasado. Recuperado el 10 de abril de 2012 de:

http://www.consumer.es/web/es/tecnologia/2012/03/15/208228.php

Forbes. (2010). China's Migration To E-Commerce. Recuperado el 1 de diciembre de 2011 de

http://www.forbes.com/2010/01/18/china-internet-commerce-markets-equities-alibaba.html

Gibbs, J., Kraemer, K. L., Dedrick, Jason (2003): Environment and Policy Factors Shaping Global E-Commerce Diffusion: A Cross-Country Comparison, The Information Society, 19:1, 5-18.

Global Times. (2011). China's e-commerce transactions exceed 4.5 trillion yuan in 2010. Recuperado el 2 de noviembre de 2011 de: http://www.globaltimes.cn/business/industries/2011-01/612381.html

Groupon. (2012). Great deals at your fingertips. Purchase, manage and redeem Groupons directly from your mobile device. Recuperado el 30 de marzo de 2012 de: http://www.groupon.com/mobile

GS1 México. (2011). Organismo regulador de estándares de negocios. Recuperado el 15 de abril de 2012 de: http://www.gs1mexico.org/v2/

Guerrero, R., Rivas, L. (2005). Comercio electrónico en México: propuesta de un modelo conceptual aplicado a las PyMEs, Revista Internacional de Ciencias Sociales y Humanidades, SOCIOTAM, enero-junio, vol. XV, número 001, p. 79-116, Ciudad Victoria, Tamaulipas, México.

Human Rights Watch. (2006). How Censorship Works in China: A Brief Overview, Recuperado el 16 de agosto de 2011 de: http://www.hrw. org/reports/2006/china0806/3.htm

INEGI. (2011). Estadística a propósito del Día Mundial de Internet. Datos nacionales, Instituto Nacional de Estadística y Geografía, Recuperado el 16 de septiembre de 2011 de www.inegi.org.mx/inegi/ contenidos/.../estadisticas/2011/internet0.doc

Interfax. (2010). Taobao's ad revenue hits $220 mln for 2009. China IT Newswire. p. 1. Recuperado el 11 de septiembre de EBSCOhost.

Internet World Stats. (2012). Usage and Population Statistics. Recuperado el 15 de marzo de 2012 de: http://www. internetworldstats.com/asia/cn.htm

iResearch Consulting Group (2012) China's Mobile Internet User Base Reaches 356 Mln. Recuperado el 14 de abril de 2012 http://www. iresearchchina.com/news/4102.html

Laudon, K. y Guercio, C., (2010). E-Commerce 2010. Business, Technology, Society, 6a. ed., Pearson Education, New Jersey.

Li, Jessica (2008), Internet control and authoritarianism: regimes defying political change, Vancouver [tesis doctoral] The University of British Columbia.

Ministerio de Comercio de China. (2009). Ministerio de Comercio de China busca elevar el consumo interno. Recuperado el 12 de febrero de 2011 de: http://spanish.mofcom.gov.cn/aarticle/reportajeexterior/2 00912/20091206706221.html

Ministerio de Comercio de China. (2009). Vice Minister Jiang Attended and Addressed the Forum on E-commerce Innovative Development on the Occasion of Tenth Anniversary of China's Accession to WTO. Recuperado el 12 de febrero de 2011 de: http://english.mofcom.gov.cn/aarticle/counselorsreport/europereport/201112/20111207877318.html

National Bureau of Statistics of China. (2011). China's Total Population and Structural Changes for 2011. Recuperado el 10 de marzo de 2012 de: http://www.stats.gov.cn/english/newsandcomingevents/t20120120_402780233.htm

Moreno, M. (2001). El futuro del comercio electrónico en México, Marketing y Comercio, Recuperado el 21 de junio de 2011 de: http://www.marketingycomercio.com/n25jun01/14jun01b.htm

Naciones Unidas (2009). Estudio sobre las perspectivas de la armonización de la ciberlegislación en América Latina. Recuperado el 1 de diciembre de 2011 de http://unctad.org/es/docs/webdtlktcd20091_sp.pdf

National Bureau of Statistics in China. (2012). Total Retail Sales of Consumer Goods in March 2012. Recuperado el 16 de abril de 2012 de: http://www.stats.gov.cn/english/pressrelease/t20120416_402799089.htm

Newswire. (2011). Dangdang Announces Second Quarter 2011 Results. Recuperado el 17 de septiembre de EBSCOhost.

Novex China. (2000). Internet Law Contents. Recuperado el 15 de agosto de 2011 de: http://www.novexcn.com/internet_main.html

OCDE. (1999). Recomendación del Consejo de la OCDE Relativa a los lineamientos para la protección al consumidor en el contexto del comercio electrónico. Recuperado el 5 de febrero de 2012 de: http://www.oecd.org/dataoecd/18/27/34023784.pdf

OCDE. (2011). OCDE Communications Outlook 2011. OECD Publishing, Recuperado el 5 de febrero de 2011 de: http://dx.doi.org/10.1787/comms_outlook-2011-en

Palacios, J. J. (2003): The Development of E-Commerce in Mexico: A Business-Led Passing Boom or a Step Toward the Emergence of a Digital Economy?, The Information Society, 19:1, 69-79

Porter, Michael (2001), Strategy and the Internet, Harvard Business Review, Harvard University Press, marzo 2001, 62-78, Boston.

Ran, D. (2010). China New Legal Approaches to E-Commerce: Prosperity and Challenge. 2010 International Conference on E-business, Management and Economics. Beijing University of Posts and Telecommunications. Recuperado el 15 de enero de 2012 de http://www.ipedr.com/vol3/36-M00063.pdf

Servicio de Administración Tributaria. (2010). Comprobantes fiscales, la factura electrónica ¡en marcha! información histórica. Recuperado el 14 de Mayo de 2012 de: http://www.sat.gob.mx/sitio_internet/asistencia_contribuyente/principiantes/comprobantes_fiscales/66_20171.html

Servicio de Administración Tributaria. (2010). Beneficios de la facturación electrónica. Recuperado el 20 de mayo del 2012 de: http://www.sat.gob.mx/sitio_internet/asistencia_contribuyente/principiantes/comprobantes_fiscales/66_19217.html

Servicio de Administración Tributaria. (2010). Firma Electrónica Avanzada (FIEL), Como se efectúa el tramite. Recuperado el 15 de abril del 2012 de:

http://www.sat.gob.mx/sitio_internet/e_sat/tu_firma/60_11508.html

Solís, L., Angeles, A., Díaz, A. (2001). La economía de Internet. Instituto de Investigación Económica y Social Lucas Alamán, A.C., México.

TransAsia Lawyers (2005). Electronic Signatures Law. Recuperado el 15 de enero de 2012 de http://www.steadlands.com/data/legislation/china.pdf

Turban, E., (2009). Electronic Commerce 2010: a managerial perspective. 6a. ed., Prentice Hall, New Jersey.

World Economic Forum (2010). The Global Competitiveness Report 2010-2011. Recuperado el 20 de noviembre de 2011 de http://www3.weforum.org/docs/WEF_GlobalCompetitiveness Report_2010-11.pdf

International Monetary Fund (2012). World Economic Outlook. Recuperado el 15 de marzo de 2012 de http://www.imf.org/external/pubs/ft/weo/2012/01/pdf/text.pdf

Web2Asia. (2009). Successful e-Commerce in China. Recuperado el 15 de agosto de 2011 de: http://www.slideshare.net/web2asia/successful-ecommerce-in-china

ZDNet Asia. (2012). China aims for $2.8T e-commerce sales by 2015. Recuperado el 15 de abril de 2012 de: http://www.zdnetasia.com/china-aims-for-2-8t-e-commerce-sales-by-2015-62304334.htm

CAPITULO V

La Transferencia Informal de Tecnologías de Información de los Académicos de las Instituciones Públicas de Educación Superior de Nuevo Laredo al Sector de las Pymes: Caso de Estudio.

Juan Manuel Salinas Escandon
Ramón Roque Ventura Hernández
Adán López Mendoza
Juan Antonio Herrera Izaguirre

El Proceso de transferencia informal de tecnología

Si bien las universidades pueden producir diversos tipos de propiedad intelectual como ideas, diseños, métodos, procesos, bienes tangibles, software o contenido en el web (Kirschbaum, 2013). Rhoades y Slaughter (1991) definen a la trasferencia de tecnología como el movimiento de una idea de un laboratorio o investigación al desarrollo de un producto comercial.

Lo anterior se realiza a través de proyectos de investigación, que básicamente son una propuesta estructurada de manera orgánica e integral, cuyo propósito es el desarrollo de un proceso de generación, transferencia o aplicación de conocimiento (Torres, 2005). Sin embargo si los resultados de esta no se transfieren a la sociedad, se incurre en una transferencia indirecta de costos a la sociedad, no solo por los recursos invertidos en la investigación, sino porque un hipotético problema quedó sin solución y de alguna forma generará también costos recurrentes, sean estos sociales o económicos.

Mucha de esta producción de conocimiento no permea al sector empresarial debido a ciertos supuestos, algunos de ellos son:

- Falta de vinculación formal universidad-empresa

- Miopía de funcionarios de las Instituciones de Educación Superior (IES) encargados de autorizar proyectos de investigación de tecnologías de punta, (Link, Siegel y Bozeman, 2006).

- No existe una estrategia para transferir conocimiento o tecnología de las IES a las empresas.

- No existen los suficientes estímulos institucionales para que investigadores asesoren a empresas (Link, et al, 2006).

- Burocracia universitaria (Link, et al, 2006.)

- Las barreras culturales e informacionales existentes entre universidades y organizaciones especialmente en pequeñas empresas, y que si estas no son explícitamente consideradas en el proceso de transferencia, se pierde la atractividad percibida para la adquisición de tecnología universitaria, (Siegel, et al, citados por Hin y Siegel, 2005).

- Falta de cultura empresarial institucional (Clark, citado por Hin y Siegel, 2005).

Poca investigación se ha realizado que estudie la conducta individual relacionada con los mecanismos informales de transferencia de tecnología (Link, et al, 2006). A fin de distinguir la diferencia entre trasferencia de tecnologías de información formal vs la informal, se especifica que, en la primera existen mecanismos institucionales y/o legales como por ejemplo, convenios marco, patentes, licencias o pago de regalías, mientras que por informal se entiende el flujo de conocimiento de tecnologías de información a través de un proceso de comunicación informal como la asistencia técnica, consultoría e investigación colaborativa como iniciativa personal de los académico. En este tipo de transferencia tecnológica los derechos de propiedad intelectual poseen un rol secundario y las obligaciones son más bien normativas que legales. (Link, et al, 2006).

El involucramiento en estos tres tipos de transferencia informal de tecnología ocurre principalmente con académicos del género masculino, de tiempo completo y aquellos quienes obtiene becas de investigación, (Link, et al, 2006). A diferencia el género femenino es más reticente a revelar sus invenciones según Thursby y Thursby (citados por Hin y Siegel, 2005).

Otro descubrimiento de Link et al (2006) es que la mayoría de los académicos no revelan sus invenciones (Link, et al, 2006), diseños, software o creación de contenido en el web y que muchas organizaciones contactan directamente a los académicos con el propósito de realizar esta transferencia de tecnología informal.

La transferencia informal de tecnología se enfoca principalmente en la interacción de agentes involucrados, como académicos y personal de las organizaciones privadas. Ante la ausencia de mecanismos formales de transferencia de tecnología por parte de la universidades y empresas, surge la transferencia informal como una forma dominante de colaboración (Grimpe, 2009).

Mucha de la transferencia de tecnología según Markman, Gianiodis, and Phan (citados por Hin y Siegel, 2005), sale por la "puerta trasera" de las universidades.

Una de las causas de lo expresado en el párrafo anterior según Hin y Siegel (2005) es la motivación de la utilidad financiera por parte de los docentes-investigadores y que esto es una razón de peso para involucrarse en los procesos informales de transferencia de tecnología.

Con el propósito de determinar el grado de propensión hacia la transferencia informal de tecnología a las empresas de Nuevo Laredo,

Tamaulipas, México por parte de los docentes/investigadores de esta ciudad, se han planteado las siguientes preguntas de investigación.

¿Cuáles son las características, expectativas académicas y razones por las cuales los docentes universitarios se involucran en procesos de transferencia informal de tecnología?

¿La temática técnica de esta transferencia informal de tecnología concuerda con los contenidos curriculares de tecnologías de información de las IES?

Se recogen íntegramente las premisas de Hin y Siegel (2005) respecto a la forma de medir la transferencia informal de tecnología y que a manera de planteamientos son:

"En los últimos dos años he participado con las organizaciones privadas en el esfuerzo de transferir o comercializar tecnología o investigación aplicada."

"He sido coautor con personal de las organizaciones privadas en la publicación de un artículo de investigación."

"He fungido como consultor por honorarios en alguna organización pública o privada".

Con el propósito de descubrir factores que inhiben la transferencia formal de tecnología a nivel local consideramos que la premisa acerca de cómo las autoridades universitarias definen, administran y promueven estos procesos (Rhoades y Slaughter, 1991) puede ser útil en el propósito de explicación el fenómeno de transferencia informal. Para ellos registraremos las reflexiones de los docentes-investigadores acerca de la manera en que ellos perciben las políticas de las IES públicas respecto a los mecanismos de la transferencia formal de tecnología hacia las organizaciones públicas o privadas.

La congruencia entre los contenidos programáticos de los planes de estudio y el tipo de transferencia real de tecnología por parte de los docentes-investigadores se ubica en la reflexión personal de estos docentes acerca del conocimiento que han transferido en sus desarrollos, comparado con el contenido programático de las materias que imparte en la IES correspondiente.

Conclusiones transferencia informal de tecnología FCAYCS UAT

Los docentes/investigadores de la Facultad de Comercio Administración y Ciencias Sociales de la Universidad Autónoma de Tamaulipas (FCAyCS UAT) entrevistados, son del género masculino, con experiencia docente de al menos 20 años en el área de tecnología, su grado académico es al menos maestría y en un caso doctorado, poseen una experiencia de diez años o más en el área de transferencia de tecnología hacia la iniciativa privada, todos ellos poseen una actualización tecnológica suficiente para satisfacer las necesidades tecnológicas del mercado local.

Los docentes/investigadores entrevistados manifiestan haber realizado transferencia de tecnología de manera informal durante los últimos dos años. La razón por la cual lo han hecho de manera informal según sus respuestas, es por el tiempo de respuesta, es decir los consumidores de tecnologías requieren respuestas y soluciones de manera sencilla, rápida, eficiente y funcional.

Sin embargo añaden que en su opinión personal preferirían que los proyectos de transferencia de tecnología se formularan institucionalmente, es decir, que la IES fuese quien signará convenios y designará los investigadores más idóneos.

Expresan que es nula la cooperación en el área de investigación conjunta con la iniciativa privada o con algún otro organismo público en nuestra localidad.

Consideran que existe una brecha de difusión de las políticas de investigación por parte de la IES y no resulta atractiva una política de compartición económica con la IES, si el docente/investigador es quien tiene que buscar patrocinadores de proyectos.

Afirman que el trabajar en la oferta de servicios de consultoría redunda en una satisfacción personal, sobre todo si esto trae consigo una retro-alimentación positiva de los resultados logrados.

Reconocen que la actividad de transferencia de tecnología reporta una adecuada retribución financiera en función de la forma en que se oferten los servicios en cuestión.

Existe divergencia en cuanto a si los contenidos de los planes de estudio al menos en el área de tecnología se adecuan a las necesidades tecnológicas de las PYMES locales. Sin embargo concuerdan en que si los contenidos de alguna materia no se adecuan a las necesidades locales es responsabilidad de quien imparte el curso, el adecuarlos con base en la experiencia personal a esos requerimientos.

Consideran que debe existir un reconocimiento institucional de la necesidad de transferencia de tecnología, e implícito en ello, la creación de un departamento institucional que sea responsable de coordinar administrativamente este proceso.

En los casos investigados, al menos para esta IES, se considera que existe un alto grado de propensión hacia la transferencia informal de tecnología, que se explica por las razones expresadas por los docentes/investigadores.

Conclusiones el caso del Instituto Tecnológico Regional de Nuevo Laredo

Los docentes/investigadores entrevistados comprende los géneros masculino y femenino, con experiencia docente de al menos 15 años en el área de tecnología, su grado académico es al menos Doctorado, todos ellos poseen una actualización tecnológica suficiente para satisfacer las necesidades tecnológicas del mercado local.

Los docentes/investigadores entrevistados expresan no haber realizado transferencia de tecnología de manera informal durante los últimos dos años.

La razón por la cual no lo han hecho de manera informal es que para ellos existen canales oficiales como COTACYT, en donde a través de convocatorias se les asignan proyectos específicos y por otra parte hacerlo de manera personal significaría una inversión de tiempo en la búsqueda de prospectos, sin embargo un docente manifiesta que ha realizado consultoría de manera personal debido a la amistad que cultiva con directivos de una empresa privada.

Expresan una fuerte adherencia hacia los perfiles de institucionalidad en cuanto a prácticas de transferencia de tecnología e investigación.

Declaran que la cooperación en el área de investigación conjunta con la iniciativa privada o con algún otro organismo público en nuestra localidad es marginal, pero que se está intentando cerrar esa brecha de difusión de las políticas de investigación por parte de la institución.

Argumentan que existen algunos factores tales como el tiempo que se requiere para ofrecer consultoría de manera informal. De manera implícita se infiere que no disponen de espacio temporal requerido para realizar una actividad de esta naturaleza. Sin embargo, comentan que sí realizan transferencia de conocimientos con alumnos egresados de esta institución de manera informal y gratuita.

Existe una divergencia entre ellos en cuanto a la visión de los mecanismos oficiales de transferencia de tecnología se refiere. Uno de ellos concuerda con sus colegas de la Universidad Pública en cuanto al exceso de burocracia, un tiempo de respuesta pronunciado para el establecimiento y desarrollo de convenios y un desconocimiento de la mecánica para llevar a la práctica los convenios. Concuerda además de que debe de existir un departamento de transferencia de tecnología que se responsabilice de los aspectos administrativos y de vinculación con la iniciativa privada. Otro colega de esta misma institución considera que los mecanismos de proyectos de transferencia de tecnología de COTACYT son accesibles y simples.

Existe una divergencia en cuanto al punto de vista de la aplicabilidad local de los contenidos de los planes de estudio, ya que una parte expresa que son adecuados a las necesidades de la localidad, mientras que la otra parte expresa lo contrario, al menos para el caso particular de su materia del área de tecnología, ya que sus contenidos no se adecuan a las necesidades tecnológicas de las PYMES locales. Considera que debería existir un mecanismo a través del cual se invite y motive a empresas innovadoras en tecnología a establecerse en nuestra ciudad y así aprovechar plenamente el conocimiento que los estudiantes obtienen en las aulas.

En los casos investigados al menos para esta institución se considera que existe un bajo grado de propensión hacia la transferencia informal de tecnología.

Referencias

CONDUSEF. 2014 *¿De qué tamaño es una Pyme?* Consultado el 14 de enero de 2014, desde http://www.condusef.gob.mx/index.php/ empresario-pyme-como-usuarios-de-servicios-financieros/542-ide-que-tamano-es-una-pyme

Kirschbaum, J. *A Brief Survey: Facts, Strategies & Tactics* UCSF Office of TechnologyManagement, California.

Siegel D. 2005. *An Empirical Analysis of the Propensity of Academics to Engage in Informal University Technology Transfer.* University of North Carolina at Greensboro

Torres L. 2005. PARA QUÉ LOS SEMILLEROS DE INVESTIGACIÓN. Consultado el 28 de enero de 2014, desde http://www.revistamemorias.com/edicionesAnteriores/8/semilleros. pdf. Colombia.

Grimpe, C. 2009. *Informal university technology transfer: a comparison between the United States and Germany.* Consultado el 12 de febrero de 2014, desde http://download.springer.com/static/ pdf/768/art%253A10. 1007%252Fs10961-009-9140-4.pdf?auth66= 1389901763_3a6daf0dac f9690c483bdc0f0da5a794&ext=.pdf

Siegel, D. Hin P. Phan, C.2006. *The Effectiveness of University Technology Transfer.* Now Publishers Inc. U.S.A.

Rhoades, G. Slaughte S. 1991. *Administrators, and Patents: The Negotiation of Technology Transfer*, Sociology of Education, Vol. 64, No. 2 (Apr., 1991), pp. 65-77. Consultado en Internet desde http://www.jstor.org/stable/2112879, el 10 de febrero de 2014.

CAPITULO VI

Origen de las Micro, Pequeñas y Medianas Empresas (Mipyme´S) en la Ciudad de Nuevo Laredo Tamaulipas: Proceso Empresarial o Familiar

Ma. De Jesús Ponce Díaz
Roberto Arreola Rivera
Liliana Marlene Arriaga Huerta
Mayra Elena García Govea

Introducción

Las micro, pequeña y medianas empresas, son el pilar fundamental del desarrollo sustentable y para cualquier país o región; son generadoras de riqueza, unidades de organización, dedicadas a actividades industriales, mercantiles o de prestación de servicios. Su nacimiento, crecimiento, transformación y retos son temas de investigación inagotable. La mayoría de estas investigaciones, se han encauzado hacia los factores externos que inciden en su bueno o mal desempeño; recientemente y en forma paralela, existen investigadores con un marcado interés por conocer las variables, que incurren en el proceso de transformación de las personas en empresarios; ya que un sin número de los mismos, inician este ciclo, con modelos informales de organización, producto de la necesidad más que de un esfuerzo planificado, inhibiendo de esta manera el pleno desarrollo empresarial.

Nuevo Laredo, Tamaulipas., es un puerto fronterizo de gran importancia en el crecimiento económico de México, ya que entre el 35 y 40 por ciento del total de mercancías cruzan por la aduana terrestre de ésta ciudad, así mismo, en el 2010 se mantuvo como la principal aduana del país, tanto en el número de operaciones comerciales como en la recaudación de dinero por el cobro del impuesto al valor agregado (IVA): recaudó 57 mil millones 004 mil 698 pesos, que significó el 24.67 por ciento del total nacional (Molano, 2011).

El investigador del Colegio de la Frontera (Colef), Humberto Palomares, puntualizó que la principal actividad económica de Nuevo Laredo, es el comercio internacional. Independientemente de cuál sea la primordial actividad económica, la ciudad ha sido participe de la perspectiva de empresarios, que poseen visión e inyectan dinamismo económico a la región, a través de la generación de empleos, suministrando bienes y servicios, así como contribuir a la distribución del ingreso.

En éste orden de ideas, se orientó la presente investigación, y con el sustento de las teorías del proceso empresarial, de Schumpeter (citado en Sylleros, 2011) y Shapero, y Timmons (citados en Varela, 2008), se elaboró un cuestionario con el objetivo principal, de tener un primer acercamiento con el actual sector empresarial de Nuevo Laredo, Tamaulipas., e indagar si el origen de dicho sector, estuvo asociado a un proceso empresarial o alguna otro evento. El cuestionario en cuestión, fue administrado personalmente a propietarios o encargados de 67 empresas de diferentes actividades económicas, establecidas en el municipio ya citado; procediendo al análisis descriptivo y validación de cada respuesta debidamente codificada, mediante el programa SPSS.

Antecedentes

El desarrollo y estructura económica de un país, depende en gran medida de las técnicas de producción y habilidades empresariales motivadas por sus sectores sociales. Estos sectores son "conjuntos de personas cuyas actividades contribuyen directamente al desarrollo de la economía, mediante la administración de empresas productoras de bienes y servicios, así como la inversión de capitales en las mismas, de acuerdo con el tipo de propiedad correspondiente a cada uno de los sectores, dentro del sistema de economía mixta" (Delgado, 2003). Los sectores sociales que actúan en la economía mexicana y que se interrelacionan entre sí son: el sector público, el sector privado y el sector externo.

Actualmente uno de los pilares de la economía del país está representado por las micro, pequeñas y medianas empresas (Mipyme´s). Dichas empresas revisten una gran importancia en el progreso de cualquier región; tal es el caso del municipio de Nuevo Laredo, Tamaulipas. Región fronteriza, que a 164 años de su fundación, ha sido participe de la perspectiva empresarial que posee la visión de inyectar dinamismo económico a través de la generación de empleos y distribución del ingreso.

Nuevo Laredo, es uno de 43 municipios que integran el Estado de Tamaulipas, con 384,033 habitantes y con una tasa de crecimiento promedio anual del 2.1% entre el 2000 y 2010, superior al comportamiento estatal que es del 1.7%. La población tamaulipeca se ubica por debajo de los 28 años, Nuevo Laredo, registra una edad mediana de 25 años y además el 36.4% es originaria de otras entidades.

Nuevo Laredo, Tamaulipas, tiene un enlace fronterizo con la ciudad de Laredo, Texas, de Estados Unidos de Norteamérica (USA); con la que además de compartir operaciones de comercio exterior, sostiene un intercambio de esparcimiento, servicios y turismo. Al mismo tiempo su natural ubicación geográfica, ha propiciado el desarrollo de un importante corredor terrestre de intercambio comercial y flujo de personas entre México y USA. "El Puente Internacional de Comercio Mundial" es parte de éste corredor, con un tránsito diario en promedio de 10 mil camiones, que transportan mercancías para exportación e importación.

Sin embargo, el flujo comercial antes citado no ha logrado dinamizar la economía local, ya que de acuerdo al Reporte de Competitividad Urbana 2010, del Instituto Mexicano para la Competitividad (IMCO), Nuevo Laredo ocupa el lugar 47 de un total de 86 urbes en el país y se ha mantenido en un nivel de competitividad intermedio, sin expectativas de crecimiento y desarrollo.

Planteamiento del problema

El sector privado mexicano está constituido principalmente por las Mipyme's, ya que de las 5'144,056 unidades económicas que existen en el país, el 95.0% son micro, el 4.0% son pequeñas y el 0.8% son medianas.

El surgimiento de estas entidades se logra principalmente por:

- Empresas propiamente dichas, es decir, en las que se puede distinguir correctamente una organización y una estructura, donde existe una gestión empresarial (propietario de la firma) y el trabajo remunerado.

- Empresas que tuvieron un origen familiar caracterizadas por una gestión, a lo que solo le preocupó su supervivencia sin prestar atención a temas como el costo de oportunidad del capital, o la inversión que permite el crecimiento.

La mayoría de la Mipyme's, inicia su ciclo de vida con modelos informales de organización; algunas perduran poco tiempo, principalmente porque apoyan su gestión en la intuición o la práctica cotidiana, inhibiendo de esta manera mecanismos más eficientes que les permitan adquirir presencia, perpetuarse y crecer.

En este contexto, se enmarca la presente investigación, con el fin de explorar si las empresas establecidas actualmente en la ciudad de Nuevo Laredo, Tamaulipas, han tenido el respaldo de un empresario o conjunto de empresarios que asumieron el compromiso y se dieron a la tarea de sortear y armonizar los factores económicos por medio de un proceso empresarial, o a alguna otra circunstancia.

Preguntas de la investigación

¿Qué relación existe entre la actividad empresarial actual, en Nuevo Laredo, Tamaulipas y el proceso empresarial?

¿En qué condiciones asumieron los empresarios actuales, la creación y dirección de su empresa, en la ciudad de Nuevo Laredo, Tamaulipas?

Objetivo de la investigación

Identificar si el proceso de arranque y formación de la actividad empresarial actual, en la ciudad de Nuevo Laredo, Tamaulipas., está asociado con el proceso empresarial; ya que la estructura empresarial en México, está basada en las Mipyme´s, y como tal, el ingreso de nuevos empresarios se asocia sólo a la llamada transmisión generacional y no a las capacidades empresariales de las personas.

Justificación

Existen diferentes formas para estimular la creación, sostenibilidad y crecimiento de una empresa, pero lo importante es saber cuál es la mejor forma para llegar y perseverar el éxito. El mundo de los negocios se puede decir que está dividido en dos, por un lado están las mega-compañías y por el otro tenemos a las Mipyme´s, algunas de éstas, con una excelente especialización y potencial de crecimiento, pero otras con una falta de aptitudes administrativas que les dificultad promoverse, consolidarse y desarrollarse.

Si bien son variados los actores y factores a considerar en torno a la conformación de empresas; lo que se busca en un primer acercamiento con las empresas actuales, en la ciudad de Nuevo Laredo, Tamaulipas., es indagar si su creación es producto de un proceso empresarial, o de algún otro evento.

Delimitación de la investigación

La presente investigación se circunscribe a empresas actualmente establecidas en el municipio de Nuevo Laredo, Tamaulipas., y catalogadas como Mipyme´s; además, se pudiera considerar que la muestra seleccionada para dicha investigación, no es totalmente representativa del conjunto de empresas establecidas en la ciudad antes citada.

Marco teórico

En el proceso empresarial intervienen una serie de componentes sociales, culturales, políticos y económicos, que asisten a un conjunto de conocimientos generales y específicos, a ampliar una serie de competencias para lograr que el empresario activo y en formación tenga altas probabilidades de ser exitoso, que sea capaz de crear y acrecentar riquezas personales; además de beneficios económicos y sociales para a su comunidad.

Muy basta es la literatura sobre proceso empresarial; no obstante, el presente trabajo se sustenta bajo las directrices de las siguientes teorías:

1. Schumpeter (citado en Sylleros, 2011) crea una distinción crucial entre lo que él denomina respuestas "adaptativas" y "creativas" en el comportamiento de los negocios. Si una economía, industria o empresa, frente a un cambio significativo del entorno, reacciona sólo con un ajuste de las prácticas existentes, asume una respuesta adaptativa. Pero si la reacción queda fuera del rango de las prácticas existentes, entonces su respuesta es creativa.

Se transcribe al emprendedor como precursor de ideas innovadoras, creativo, capaz de asumir riesgos, con el único fin de contar con herramientas más eficientes y eficaces a la hora de combinar los factores de la producción.

2. Shapero (citado en Varela, 2008), emprende su planteamiento respecto al desarrollo de empresarios en un sistema que denomina *evento empresarial,* enmarcado con las siguientes características:

- "Toma de iniciativa: la decisión de un grupo para identificar y llevar a cabo la oportunidad de empresa".

- "Acumulación de recursos: el proceso de determinar las necesidades, conseguir y asignar los recursos físicos, humanos, financieros y tecnológicos necesarios".

- "Administración: la capacidad de dar una organización y una dirección (gerencia) a la nueva empresa".

- "Autonomía relativa: la libertad de los empresarios para tomar decisiones sobre el funcionamiento de la organización".

- "Toma de riesgos: la disposición para enfrentar las recompensas o las pérdidas que la empresa produzca".

Además, Shapero (cito misma obra), considera que existen dos aspectos relevantes que actúan recíprocamente en la creación de empresas: "la deseabilidad" y "la factibilidad", (si se percibe la formación de una empresa como imposible, se puede acabar no deseándola). El concepto de deseabilidad lo relaciona con la familia, círculos de amistad, grupos étnicos y entorno educativo y profesional de los empresarios potenciales; en tanto la factibilidad, la señala como la habilidad del individuo para identificar y conseguir los recursos necesarios para la creación de su empresa.

3. Timmons (citado en Varela, 2008), identifica tres fuerzas motoras que dominan y orientan el proceso emprendedor:

   - "La oportunidad empresarial: la primera gran habilidad del empresario es la de ser capaz de identificar rápidamente si la idea tiene potencial de éxito empresarial y decidir cuánto tiempo y esfuerzo invertirle".

   - "Los recursos: si bien son necesarios no son lo primero que hay que tener para lograr el éxito empresarial; pensar en dinero en primer lugar es un gran error".

- "El equipo empresarial: es pieza fundamental del valor potencial de la empresa".

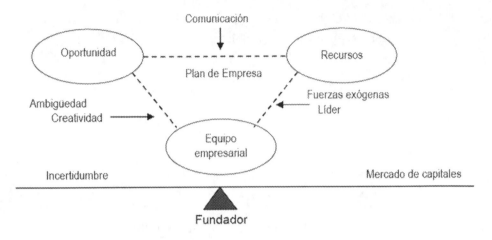

Figura No. 1: Modelo básico de Timmons y Spinelli.

Fuente: Varela, (2008, p.185).

El modelo presenta una guía para alimentar en el empresario una nueva visión de transformar sus ideas en oportunidades de éxito, a través del enlace armónico de los tres componentes que dominan y orientan la gestación, la marcha de la creatividad y la innovación en los negocios. Para Timmons (citado por Varela, 2008), los emprendedores no nacen, sino que se forman, y que independientemente de la formación del individuo, en cualquier etapa de su vida puede adquirir la motivación para ser emprendedor.

Hipótesis

A fin de dar respuesta a los objetivos inicialmente planteados, se establece la hipótesis del proyecto identificando la relación que se quiere probar:

> Ho: Existe una relación entre el origen de la actividad empresarial actual, en la ciudad Nuevo Laredo, Tamaulipas., y el proceso empresarial.

Metodología

En este trabajo para indagar sobre el origen de la estructura empresarial en Nuevo Laredo, Tamaulipas., se empleó un cuestionario denominada *"Origen de las micro, pequeñas y medianas empresas (Mipyme´s) en la ciudad de Nuevo Laredo, Tamaulipas: proceso empresarial o familiar"*; integrado en dos secciones: el contenido de la primera sección es de 13 variables, con opciones tanto de respuesta abierta como cerrada; y la en segunda sección se dispone de 10 variables con opciones de respuesta cerrada.

Dicho cuestionario se administró personalmente a propietarios o encargados de 67 empresas de diferentes actividades económicas y establecidas en el municipio arriba citado; procediendo al análisis descriptivo y validación de cada respuesta debidamente codificada, mediante el programa SPSS.

Resultados

Se seleccionó del cuestionario *"Origen de las micro, pequeñas y medianas empresas (Mipyme´s) en la ciudad de Nuevo Laredo, Tamaulipas: proceso empresarial o familiar"*, las preguntas más distintivas para el objeto que nos ocupa, obteniéndose los siguientes resultados:

1. De la información general primera sección, sobresale que del total de las personas encuestadas el 74.6% fueron hombres y el 25.4% fueron mujeres. La edad promedio de los encuestados es de 35.31 años y su nivel de estudios es el siguiente:

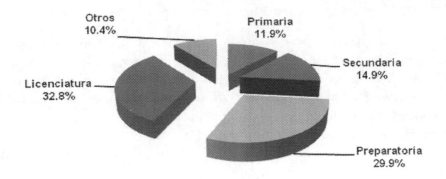

Gráfica 1 NIVEL DE ESTUDIOS DE ACUERDO A LA ENCUESTA

Fuente: Encuesta "*Origen de las micro, pequeñas y medianas empresas (Mipyme's) en la ciudad de Nuevo Laredo Tamaulipas: proceso empresarial o familiar*" aplicada EN EL SPSS

2. La pregunta número siete primera sección, nos revela que del total de la muestra el 50.7% son los fundadores de su empresa.

3. En el pregunta número ocho primera sección, se les cuestiona si formularon un plan de acción con metas de largo plazo para poner en marcha su empresa, encontrándose que un 58.2% señala que si lo llevaron a cabo, a diferencia de un 32.8% que admite que no.

4. La pregunta número uno segunda sección, nos revela los principales sectores en los cuales se encuentra la actividad empresarial de Nuevo Laredo; así como los porcentajes de su participación.

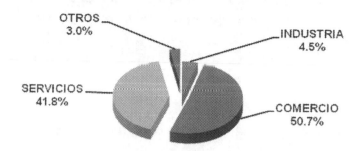

Gráfica 2, SECTOR EMPRESARIAL DE ACUERDO A LA ENCUESTA

Fuente: Encuesta *"Origen de las micro, pequeñas y medianas empresas (Mipyme´s) en la ciudad de Nuevo Laredo Tamaulipas: proceso empresarial o familiar".*

5. En la pregunta número dos segunda sección, se cuestiona en qué rango se encuentra la empresa con respecto al número de empleados que laboran actualmente, encontrándose lo siguiente:

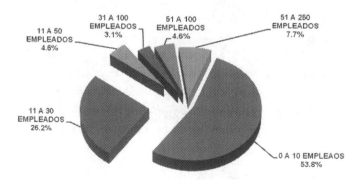

Gráfica 3, NÚMERO DE EMPLEADOS DE LAS EMPRESAS ENCUESTADAS

Fuente: Fuente: Encuesta *"Origen de las micro, pequeñas y medianas empresas (Mipyme's) en la ciudad de Nuevo Laredo Tamaulipas: proceso empresarial o familiar"*

6. Para la interrogante acerca de qué lo motivó a iniciar o seguir la aventura empresarial (segunda sección, número tres), de las ocho opciones, sobresale la de ser independiente con 31.3%, contrastando con el 23.9% de los de dar continuidad a la empresa familiar, y el 22.4% de una oportunidad.

7. En la pregunta número cuatro, segunda sección, se busca conocer en qué modelo se orientaron al momento de establecer o seguir operando su negocio. Encontrándose lo siguiente:

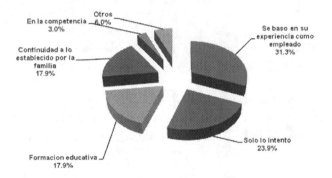

Gráfica 4, ¿Se orientó en algún modelo para establecer o seguir con la empresa? Fuente: Encuesta *"Origen de las micro, pequeñas y medianas empresas (Mipyme's) en la ciudad de Nuevo Laredo Tamaulipas: proceso empresarial o familiar".*

8. La interrogante cinco, segunda sección, nos revela cuál era el roll que desempeñaba en su etapa previa.

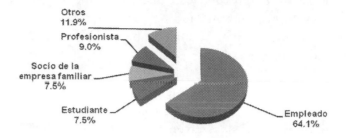

**Grafica 5, ROLL QUE DESEMPEÑA EN
LA ETAPA PREVIA LAS EMPRESAS EN
CUESTIÓN, DE ACUERDO A ENCUESTA.**

Fuente: Encuesta *"Origen de las micro, pequeñas y
medianas empresas (Mipyme's) en la ciudad de Nuevo
Laredo Tamaulipas: proceso empresarial o familiar"*

9. En la pregunta diez segunda sección, se interroga a qué cree que
    se deba su éxito empresarial y la respuesta del 89.6% fue que a
    su trabajo y dedicación, y solo un 3% a que ha tenido suerte y el
    7.5% otros motivos.

Conclusiones

Los resultados arrojaron situaciones ligadas a las características que
pueden ser la pauta de un buen proceso empresarial. Tal es el caso del
23.9% que tomo la iniciativa de ser independiente; sumado a el 22.4%
en donde factores situacionales les sirvieron para percibir la oportunidad
de configurar una visión de lo que podría ser su empresa. Desde luego
que esta percepción se logra si existe una preparación previa, escenario
que los resultados satisfacen, ya que el nivel de estudios del 32.8% de los
encuestados es de licenciatura.

La disposición para llegar a ser empresario, no se resuelve tal sólo con un
golpe de suerte, al proceso se le suman una serie de eventos, que empatan
con la percepción de deseabilidad, y en este estudio el 64% de los
encuestados sintió la necesidad de romper con la trayectoria de empleado

y atacar la senda empresarial con plan previamente establecido, ya que el 58.2% revelo haber formulado un plan de acción con metas de largo plazo; mismo que fue reforzado con trabajo y dedicación así lo hace saber el 89.6% de los encuestados.

Igualmente se pudo detectar que el pilar de la economía de Nuevo Laredo, son la micro (52.2%), pequeña (29.90%) y mediana empresa (15%). Predominando los sectores del comercio (50.7%) y el de los servicios (41.8%).

De acuerdo con las evidencias anteriores se concluye que existe relación entre el origen de la actividad empresarial en la ciudad de Nuevo Laredo, Tamaulipas y el proceso empresarial, por lo tanto se acepta la hipótesis planteada en el presente trabajo.

Anexo

Nuevo Laredo, Tamaulipas, Julio del 2012

Estimado empresario(a):

Nos dirigimos a usted con la finalidad de solicitar su valiosa colaboración para desarrollar nuestro proyecto de investigación, cuyo nombre tentativo es *"Origen de las micro, pequeñas y medianas empresas (Mipyme's) en la ciudad de Nuevo Laredo Tamaulipas: proceso empresarial o familiar"* avalado por la Facultad de Comercio Administración y Ciencias Sociales.

Lo que se pretende con el mencionado trabajo es identificar si las micro, pequeñas y medianas empresas establecidas actualmente en Nuevo Laredo, Tamaulipas son producto de un proceso empresarial, o si su origen se debe a una estructura familiar o algún otro evento.

Para el logro de nuestro objetivo le pedimos responder objetivamente el cuestionario adjunto, ya que de ello dependerá la confiabilidad de la investigación y la validez de sus resultados. Toda la información proporcionada por usted tendrá un tratamiento estrictamente confidencial y los análisis y evaluaciones se harán con base en el total de encuestas levantadas y no en casos particulares.

Sabemos de lo valioso de su tiempo, pero los minutos que nos regale al contestar la encuesta, para nosotros serán de un gran valor ya que como maestros de la institución antes mencionada, nos interesa seguir fortaleciendo nuestro sistema educativo en pro de una población estudiantil con mejores capacidades productivas y perspectivas de autodesarrollo.

Agradecemos de antemano su tiempo y aportación para nuestra investigación.

CUESTIONARIO

"Origen de las micro, pequeñas y medianas empresas (Mipyme´s) en la ciudad de Nuevo Laredo, Tamaulipas: proceso empresarial o familiar"

I. Seleccione su respuesta marcando con una X o escriba el dato según sea el caso.

Sexo: M _____   F _____   **Edad:** _____

Estudios realizados: Primaria __ Secundaria __ Preparatoria _____ Licenciatura _____ Maestría _____ Doctorado _____ Otros (especifique) _____

1. ¿Es originario(a) de Nuevo Laredo, Tamaulipas? SI __ No __

2. Si no es originario(a) de Nuevo Laredo, ¿en qué estado nació?
_____

3. De ser así ¿cuántos años tiene de residir en Nuevo Laredo?
_____

4. Cargo en la empresa: Dueño(a) _____ Gerente(a) _____ Encargado(a) _____

5. ¿En qué año se constituyó la empresa? _____

6. ¿A qué edad inició su actividad empresarial? _____

7. ¿Es el fundador (a) de la empresa? SI __ No __

8. ¿Se formuló un plan de acción con metas de largo plazo para poner en marcha la empresa? SI __ No __

9. ¿Tiene socios? SI __ No __

10. Si tiene socios ¿existe algún parentesco? SI __   No __

II. Subraye el inciso que se ajuste su respuesta o bien escriba en el espacio de Otro (s).

1. Su actividad empresarial se relaciona con el sector de: a) La industria b) El comercio c) Los servicios d) Otro(especifique) _____
2. El número de empleados que labora actualmente en su empresa se encuentra en el rango de: a) 0-10 b) 11- 30 c) 11-50 d) 31- 100 e) 51- 100 f) 51-250
3. ¿Qué lo motivó a iniciar o a seguir la aventura empresarial? a) Mi espíritu empresarial b) Continuar con la empresa familiar c) Ser independiente d) Me quede sin trabajo e) Mis amigos f) La gestión empresarial g) Una oportunidad h) Programas de apoyo empresarial i) Otros (especifique) _____
4. ¿Se orientó en algún modelo para establecer o seguir con la empresa? a) En mi experiencia de empleado b) En la competencia c) En mi formación educativa d) Sólo di continuidad a lo establecido por mi familia e) Sólo lo intenté f) Otro (especifique)_____
5. ¿En su etapa previa ¿qué roll desempeñaba? a) Empleado b) Estudiante c) Socio en la empresa familia d) Profesionista e) Otro (especifique) _____
6. ¿De quién recibió asesoría para emprender su actividad empresarial? a) Programas municipales b) Programas estatales c) Programas federales d) Instituciones educativas e) Mi familia f) Amigos g) Otros _____

7. ¿Cómo consiguió los recursos para iniciar su empresa?

a) De recursos propios b) De socios c) De apoyos municipales d) De programas estatales e) De instituciones federales f) De instituciones financieras privadas g)Sólo seguí administrando el capital familia g) Otros (especifique)_____

8. ¿En algún momento de su actividad se ha equivocado y sentido que es por falta de una proyección empresarial? a) Si _____ b) No _____

9. ¿Le gustaría recibir capacitación en alguna de las siguientes áreas?

a) Contabilidad b) Finanzas c) Administración Estratégica d) Tecnologías de la información e) Mercadotecnia f) Economía g)Habilidades gerenciales h)Otra(s) (especifique) _____

10. ¿A qué cree que se deba su éxito empresarial?

a)A que he tenido suerte b) A mi trabajo y dedicación c) Otro (especifique)_____

Referencias

Delgado de Cantú, G. 2003. **México estructura política económica y social.** Pearson Educación, 2da. Edición. México.

Méndez, J. S. 2003. **Problemas económicos de México.** McGraw Hill, 5ª. Edición. México.

Méndez, J.S. 2009. **Fundamentos de Economía.** McGraw Hill, 5ª. Edición. México, D.F

Varela, R. 2008. **Innovación empresarial. Arte y ciencia en la creación de Empresas.** Pearson Educación 3ª. Edición. Colombia.

Fuentes electrónicas

Molano, J. 2011. **"Nuestra ciudad da mucho y recibe poco".** Consulta: 25/05/2012. http://entornolaredo.com/?p=494.

Martínez, M.A. 2011. **Presenta Nuevo Laredo rezago en impulso a maquiladoras.** Consulta: 27/05/2012.

http://www.milenio.com/cdb/doc/noticias2011/1b6bcde8bf538d981ccb 8ca58cee2e25

Secretaría de Economía, 2009. **Estratificación de las micro, pequeñas y medianas empresas.** Consulta: 11/06/2012.

http://www.amexcap.com/uploads/documents/Estratificacion PYMESDOF30jun2009.pdf.

Lara, L. 2012. **Nuevo Laredo cumple 164 años.** Consulta: 20/06/2012.

http://www.elmanana.com.mx/notas.asp?id=290319.

Instituto Nacional de Estadística y Geografía. **Censo de Población y Vivienda 2010, Tamaulipas.** Consulta: 02/07/2012.

http://www.inegi.org.mx/prod_serv/contenidos/espanol/bvinegi/ productos/censos/poblacion/2010/princi_result/tamps/28_ principales_resultados_cpv2010.pdf

Benavides, C. 2012. **Genera Puente III 3 millones de operaciones en cuatrimestre.** Consulta: 05/06/2012. http://entornolaredo. com/?p=1102.

Instituto Mexicano para la Competitividad (IMCO). 2011. **Ocupa Nuevo Laredo lugar 47 en competitividad nacional.** Consulta: 04/07/2012.

http://www.sdpnoticias.com/notas/2011/07/23/ocupa-nuevo-laredo-lugar-47-en-competitividad-nacional.

Instituto Nacional de Estadística y Geografía. 2009. **Resumen de los Resultados de los Censos Económicos 2009.** Consulta: 06/06/2012).

www.iegi.org.mx/est/.../censos/ce2009/pdf/RD09-resumen.pdf.

México Emprende. ¿Qué son las PyMEs? Consulta: 03/06/2012. http:// www.mexicoemprende.org.mx/index.php.

Sylleros, Á. **Joseph Schumpeter, Profeta de la Innovación.** Consulta: 05/06/2012.

http://mujerinnovacion.bligo.com/content/view/493894/Joseph-Schumpeter-Profeta-de-la-Innovacion.html.

CAPITULO VII

La Sustentabilidad Apoyada por la Inteligencia Ambiental

Daniel Arredondo Salcedo
Abraham Esquivel Salas
Manuel Ignacio Salas Guzmán
José María Salas Torres

Instituto Tecnológico Superior Zacatecas Norte, Laboratorio de Inteligencia Ambiental

I. Introducción

Los Entornos Activos integran muchos y variados dispositivos de cómputo (ubiquitous computing), dispersos e integrados de tal manera que pasan desapercibidos a los usuarios ofreciendo servicios personalizados y sensibles al contexto, con el objetivo de proporcionar asistencia y una mayor calidad de vida de sus ocupantes. Las expectativas y beneficios esperados de la computación ubicua traen consigo la responsabilidad de investigar como esta tecnología debe hacer más eficiente y racional el consumo de energía, tanto de los dispositivos inmersos en el entorno, como de sus ocupantes. Nuestra contribución, consiste en el desarrollo un Entorno Activo consciente de la localización y actividad de los usuarios, para el que se han desarrollado interfaces persona-ordenador que permiten una alta personalización, y que hace posible, que el entorno sea capaz de reaccionar apagando las luces o aquellos dispositivos electrónicos que estén en uso cuando un espacio está desocupado.

II. Descripción del Entorno Activo

En el Instituto Tecnológico Superior Zacatecas Norte, se cuenta con un laboratorio que ha sido dividido en cuatro secciones, cada una con un escenario distinto. La sección principal, está equipada como la sala de estar de una casa, otra sección, contiene la infraestructura de un aula de clases, otra más, equipada como una sala de reuniones y finalmente, una sala de máquinas. Los dispositivos y aplicaciones desplegados en cada escenario provienen de tecnologías heterogéneas, gobernadas por una capa de contexto que se encarga de abstraer sus diferencias.

A. La capa física

La infraestructura física del entorno, está formada por una red de sensores (presencia, temperatura, iluminación, etc.) y actuadores (interruptores, etc.) comerciales y estandarizados. Una parte de ellos son dispositivos domóticos X10, algunos otros son tecnología tipo Phidget. Hay una red adicional Ethernet, encargada del transporte de datos, audio y video generados por las diferentes fuentes disponibles (cámaras ip, webcams, audio streaming, etc.) La integración de nuevos dispositivos no representa ningún problema, solo basta con conectarlo a una de las dos redes (dependiendo de su naturaleza), y la capa de contexto se encargara de ejercer el control sobre el dispositivo y su información. Por ejemplo, la puerta principal del laboratorio fue equipada con un lector RFID. El acceso al laboratorio se hace pasando una tarjeta por el lector, este envía el código a la capa de contexto donde se realiza la identificación de la persona, procediendo al envío del comando de apertura de puerta.

B. La capa de contexto

La proliferación de las redes de comunicación y la diversidad de protocolos, complican la integración de dispositivos en un entorno. Para el entorno AmILabMx, se propone una capa de contexto que sirve de interfaz entre los diversos dispositivos de cómputo, hacia la integración de un entorno activo. La capa de contexto empleada, parte de la filosofía de que la representación del mundo se puede hacer a través de un modelo centralizado.

Respecto a su implementación, ésta puede hacerse distribuida, proporcionando la suficiente potencia para representar las interacciones complejas de todo lo que convive en el entorno. Además, la capa de contexto proporciona un modelo unificado del mundo, abstrayendo los detalles de comunicación y las diferencias que existen entre los dispositivos del entorno.

La implementación del modelo resulta en una estructura de datos global llamada "pizarra". La pizarra es un repositorio donde se almacena una representación de todo lo que existe en el entorno, incluyendo a los usuarios. Por lo tanto, cada dispositivo, usuario y recurso del entorno activo estará representado mediante una entidad en la pizarra. Además, contiene una representación del flujo de información existente entre los dispositivos físicos (micrófonos, altavoces, cámaras, pantallas, etc.).

La información de la pizarra es utilizada por los diferentes dispositivos para comprender el contexto y adaptarse a éste. Cada pizarra es un servidor que puede ser accedido mediante el protocolo cliente-servidor TCP/IP. HTTP ha sido escogido como el protocolo de transporte por su simpleza y amplia cobertura. Para el intercambio de información entre las aplicaciones y la pizarra en el servidor, se emplea el lenguaje XML.

La representación del contexto contempla algunas de las ideas expresadas por Dey, para representar personas, lugares y recursos. Esto se hace mediante la definición de conceptos (o clases) que sirven como plantillas, a partir de las cuales son creadas instancias, también llamadas entidades. Cada entidad pertenece a un concepto, y se representa mediante un nombre y un conjunto de propiedades. Cada propiedad tiene un nombre y un valor que puede ser una literal o alguna otra entidad. En este caso, se establece una relación entre la primera entidad y la segunda. Las relaciones son unidireccionales, aunque para cada relación siempre se puede definir la inversa. Finalmente, se pueden definir conjuntos de parámetros que pueden ir asociados tanto a un concepto, a una entidad, a una propiedad o a una relación.

La capa de contexto implementada en la estructura de datos llamada pizarra, proporciona el soporte requerido por las aplicaciones. Se han implementado dos interfaces de usuario en el entorno activo: una interfaz gráfica que funciona a través de Internet y que permite controlar los dispositivos de la habitación, la segunda, es un agente de dialogo en lenguaje natural que permite que el usuario interactúe con el entorno. Ambas, son configuradas dinámicamente a través de la información proporcionada por la pizarra.

C. Agentes basados en reglas

Una vez que se ha desarrollado una estructura de datos tipo pizarra, capaz de representar al mundo y de dotar al entorno de una visión global, aglutinando y homogeneizando la información aportada por los distintos dispositivos del entorno, se plantea otro reto, que es cómo transformar un Entorno Perceptivo (percibe el mundo que lo rodea) en Entornos Interactivos, en los que sus habitantes pueden comunicarse e interactuar con él, capaces de tomar decisiones basadas en la información de contexto (García-Herranz, Haya, Esquivel y Alamán, 2008).

Para lograr este comportamiento interactivo, se ha implementado un sistema de agentes cuyo fin es dotar de un mecanismo mediante el cual los diferentes usuarios puedan comunicar sus preferencias sobre cómo abordar necesidades de comportamiento automático, a fin de modelar el entorno a su gusto.

La arquitectura de este componente de software se basa en un conjunto de módulos independientes entre sí (los agentes), cada uno de los cuales contiene un conjunto de reglas que modelan las necesidades específicas de cada usuario sobre el comportamiento del entorno. Cada regla está constituida por tres elementos: El detonante que define la propiedad de una entidad supervisada y dispuesta en el entorno, responsable de activar la regla. Las condiciones, que especifican las condiciones del contexto sobre las cuales la regla es considerada válida para su ejecución. Y por último la acción, que describe los cambios que deben suceder en el entorno dadas las condiciones del contexto. Así pues, una regla puede expresar que cuando la puerta se abra (el detonante), si la luz está apagada (la condición), se encienda la luz (la acción).

Las reglas se especifican mediante un lenguaje diseñado para garantizar la expresividad, explicación y aprendizaje del modelo. El lenguaje puede ser fácilmente leído por el usuario y permite describir el contexto y las acciones que se deben realizar en él. De esta manera, por ejemplo, la regla expresada en el párrafo anterior, podría ser definida en éste lenguaje de la siguiente manera:

#Regla : cuando se abre la puerta principal, si la luz está apagada entonces que se encienda

device:main_door:status :: device:lamp_1:status=OFF;

device:main_door:status = 1 -> device:lamp_1:status := ON

Uno de los requerimientos más importantes que trata de cubrir el modelo, es el de no intrusión. Los agentes tienen mecanismos de configuración que permiten la aplicación de las reglas en un modo supervisado por el usuario (preguntando por la aprobación del usuario para la ejecución de una regla) o bien en un modo autónomo (aplicando las reglas sin esta aprobación). Además, cada agente ejecutado en el sistema es considerado una entidad en la pizarra de contexto, los cuales pueden ser activados o desactivados en cualquier momento dependiendo de las necesidades de los usuarios del entorno.

AmILabMx, se ha dotado de un mecanismo mediante el cual los diferentes usuarios puedan comunicar sus preferencias sobre cómo abordar cuestiones cotidianas (por ejemplo: cuando encienda la Tv, apaga la luz), diseñando ellos mismos sus propias aplicaciones. Este mecanismo está enfocado principalmente a proporcionar soluciones al problema de la adaptación, dotando al usuario de la capacidad de modelar el entorno a su gusto.

La manera de construir agentes, es a través de un lenguaje orientado a la creación de reglas. Cada regla queda dividida en tres partes: detonante, condiciones y acción. El lenguaje para la creación de reglas, fue construido bajo la premisa de sencillez y adecuación. La primera, en cuanto a facilitar la tarea de trasladar el sistema al terreno de interfaces más complejas como por ejemplo: la interacción mediante lenguaje natural. La segunda, que sea capaz de expresar los deseos humanos sobre el entorno.

Así pues, un agente está constituido por un conjunto de reglas. En base a ellas, y a los cambios producidos en el contexto, reacciona produciendo una salida en forma de órdenes o cambios a realizar sobre ese mismo contexto. La forma en que reacciona a esos cambios, las consecuencias internas que conllevan así como el proceso de inferencia que detonan puede representarse en forma de algoritmo.

III. Interfaces de usuario

Nuestro laboratorio incorpora diversas tecnologías que además son heterogéneas, desde componentes hardware (tales como sensores, actuadores, electrodomésticos, webcams, etc.) hasta componentes de software, tales como reconocedores y sintetizadores de voz. Todos estos componentes tienen que ser integrados y controlados de la misma manera, es decir, usando las mismas interfaces de usuario. Por ejemplo, un usuario debe ser capaz de encender un servidor de música de una manera tan simple y fácil como lo es apagar o encender las luces de una habitación. Por otra parte, la interacción del usuario debe mantenerse tan flexible como sea posible, esto se puede lograr haciendo uso de múltiples modalidades, servicios web, voz, tacto, y tantos otros como sean las preferencias y capacidades del usuario. Sin embargo, la configuración de un entorno activo es de por si altamente dinámica, por lo que cambia de un entorno a otro. Se agregan componentes, se eliminan o bien se mantienen detenidos en sus funciones durante bastante tiempo, y las interfaces de usuario deben ser capaces de conocer estos cambios (Haya, Montoro, Esquivel, García-Herranz y Alamán, 2006). En los apartados III-A y III-B se presentan unas interfaces de usuario generadas dinámicamente a partir de la información contextual reunida del entorno y de sus dispositivos. La información contextual es capaz de responder preguntas tales como: ¿quién es el usuario?, ¿cuál de los dispositivos puede ser controlado?, ¿cómo prefiere controlar ese dispositivo?

A. Un agente de diálogo en lenguaje natural

Un agente de diálogo en lenguaje natural es una buena alternativa para controlar un entorno activo. La importancia de esta interfaz de diálogos radica en su manera de apoyarse en la información contextual almacenada por la pizarra, haciendo posible establecer una conversación coherente relacionada con el control de los dispositivos y la información de los usuarios (Esquivel, Montoro, Alamán y Esquivel, 2009). La interfaz ejecuta varios diálogos relativos al entorno que compiten por ser el más idóneo para la conversación actual. Un supervisor de diálogos, tiene la tarea de elegir el diálogo más adecuado de acuerdo a la entrada de datos proporcionada por el usuario (proporcionada por el reconocedor de voz) y la información contextual proveniente de la pizarra. Además, el supervisor de diálogos tiene la tarea adicional de activar y desactivar diálogos en función de si tienen o no sentido.

La implementación del agente de diálogos, tiene como base una plantilla llena de huecos. El diálogo guiara al usuario a través del guión, rellenando huecos a medida que se va disponiendo de información, hasta que los huecos son cubiertos.

Cada diálogo activo, informará al supervisor acerca del estado de su plantilla (que tantos huecos están rellenos) a medida que se van recibiendo palabras del usuario. El supervisor, recolecta toda esta información y proporciona el control al diálogo más apropiado.

Cada diálogo, se centra en una tarea específica, por ejemplo, el diálogo de las luces se encarga de controlar el estado encendido o apagado de las lámparas de una habitación. Esto es, el diálogo tiene la capacidad de leer y escribir sobre los valores de las lámparas almacenadas en la pizarra.

Debido a que la fase de reconocimiento de voz no es del todo exacta, la información de contexto proveniente de la pizarra toma un rol muy importante en las decisiones del supervisor, esto es, cada sentencia que proviene del usuario, puede venir con ambigüedades, y el supervisor las resuelve empleando la información de la pizarra. Otra opción, es ofrecer soluciones al usuario dependientes del contexto. Por ejemplo, si el reconocedor de voz solo ha detectado con precisión la palabra luz, el supervisor podrá corroborar el estado de las luces. Si estas están apagadas, directamente puede ofrecer la opción de encenderlas.

B. Una interfaz gráfica a través de Internet

El laboratorio cuenta con una interfaz gráfica que es desplegada por cualquier navegador a través de un applet y desarrollada para controlar todos los dispositivos y electrodomésticos del entorno activo. Esta aplicación se puede considerar como una vista parcial de la información almacenada en la estructura de datos llamada pizarra (véase II-B). Al iniciar la aplicación, hace una lista de las habitaciones del laboratorio (tal como se menciona en II, se cuenta como habitación cada escenario en el que está dividido el laboratorio), y para cada habitación, genera un mapa que incluye una representación gráfica de cada dispositivo que se encuentra físicamente en el entorno, así como su localización. Cada vez que el usuario hace clic con el ratón sobre la imagen de un dispositivo, aparece una interfaz (panel de control) que controla el funcionamiento de ese dispositivo (por ejemplo: si hace clic sobre una lámpara, aparece un botón que la enciende o la apaga).

La pizarra, contiene información genérica respecto al número de habitaciones, así como de los dispositivos con los que cuenta cada una de ellas. La representación de cada dispositivo incluye las propiedades requeridas para su control, imagen a desplegar en el mapa, coordenadas donde se debe posicionar su imagen, además de otras posibilidades útiles a otras aplicaciones. De esta manera, cada vez que se inicia la interfaz gráfica, se hace un recuento de los dispositivos que pertenecen a la habitación que se quiere controlar, y se genera dinámicamente su respectivo mapa.

El panel de control para cada dispositivo se genera dinámicamente a partir de sus propiedades. Además, se han definido un conjunto de widgets genéricos que consisten de cajas de texto, botones, barras de desplazamiento, entre otros, de tal manera que cuando se quiere controlar algún dispositivo a través del applet, se leen las propiedades de su descripción existente en la pizarra, y las propiedades son traducidas a widgets generando su correspondiente panel de control.

Para el applet, la pizarra hace la función de un proxy en cuanto al manejo de los dispositivos físicos, pues su función se limita a actuar sobre los dispositivos, tal como subir el volumen de los altavoces, encender o apagar la luz, etc., y de igual manera, a recibir los cambios que han ocurrido en el entorno dado que se subscribe a los eventos de todos los dispositivos, de tal manera, que de darse un cambio en algún dispositivo inmediatamente se ve reflejado en la interfaz de usuario.

Los agentes de diálogos y la interfaz gráfica son aplicaciones completamente compatibles, esto es, pueden coexistir y funcionar simultáneamente. Ambas aplicaciones muestran dos maneras diferentes de controlar el entorno. De igual manera, se pueden seguir añadiendo nuevas interfaces, sin tener que realizar modificaciones en la información de contexto almacenada en la pizarra.

C. Una interfaz basada en la lectura de códigos QR

La lectura de un código QR (Esquivel, Esquivel, Salas, Salas y Arredondo, 2013) permite navegar a través de un dispositivo móvil conectado a Internet, por una serie de menús que habilitan la actuación (encendido/apagado) de los electrodomésticos de un Entorno Activo.

IV. Sustentabilidad mediante localización simbólica en entornos activos.

Tomando como base el funcionamiento de un Entorno Activo experimental implementado en el Instituto Tecnológico Superior Zacatecas Norte (Esquivel, Molina, Esquivel y Salas, 2011), se muestra una primera experiencia en la aplicación de tecnología inalámbrica como lo es ZigBee, para la adquisición de una información de localización simbólica, útil al contexto. La propuesta consiste en la implementación de nodos de control que puedan determinar el acceso a las diferentes habitaciones que integran el entorno, con la finalidad de registrar el número de personas que se encuentran en un momento determinado interactuando con el sistema, así como su localización física simbólica (hay 3 personas en la sala de estar). La información que se recibe en los nodos de control es transmitida a la capa que maneja la información de contexto de nuestro Entorno Activo, llamada "pizarra", dejándola disponible para ser utilizada posteriormente por las diferentes aplicaciones desarrolladas sobre ella. En esta primera experiencia con tecnología ZigBee, se comprobaron las ventajas que implica esta tecnología con respecto a tecnologías de censado alámbrico: primero, la facilidad de su instalación dado que su uso no implica el despliegue de una red física de comunicación sobre el entorno, y segundo, sobre el consumo de energía que implica su implementación.

Descripción

La propuesta de aplicación de los dispositivos ZigBee en el entorno descrito en el apartado III, intenta determinar el número de personas y su localización dentro del entorno, lo anterior, a través de un dispositivo que resulte lo menos intrusivo posible. Un primer acercamiento a la solución de este problema, se planteó al utilizar dispositivos RFID como medio de apertura de las puertas de acceso (identificación de usuarios), sin embargo, estos dispositivos implican necesariamente que los usuarios del entorno tengan consigo un emisor pasivo, lo que resulta intrusivo además de que solo permite saber quién entra al entorno, pero no en donde se encuentra (sala de estar, sala de reuniones, etc.), lo que imposibilita la personalización de servicios. La propuesta, consiste en el desarrollo de nodos de control de acceso desarrollados a partir de dos sensores ultrasónicos instalados en un módulo Arduino con un microcontrolador ATMEGA328. Los sensores, determinan el paso de los usuarios por los accesos al entorno, determinando la dirección del pase del usuario (entrar o salir) a partir de la diferencia en el tiempo de la lectura de cada uno de los sensores. El cambio en el estatus del contador interno al micro controlador, es transmitido a un nodo de control maestro mediante dos elementos ZigBee, funcionando el primero como dispositivo final y el segundo como dispositivo coordinador de la red PAN (Personal Area Network). El nodo de control maestro tiene la capacidad de que en función de la dirección de red (Network Address), determinar que nodo de control se activó y a través de un enlace Ethernet, actualizar la información de contexto en los elementos que representan a cada uno de los nodos en la pizarra.

Uso de la información de contexto

La información de contexto generada a partir de los nodos de control, establece el número de personas que habitan cada uno de los escenarios que componen al entorno. Para cada nodo de control ZigBee implementado en la red PAN, se mantiene en la pizarra una entidad lógica que guarda internamente su estado (número de personas) y una relación con la entidad lógica que representa la habitación que controla. Esto es, se mantiene una entidad que representa al nodo de control A4, el cual se relaciona (esta en) con la habitación Room4. En un primer escenario para el uso de esta información de contexto, se diseñaron agentes con reglas que establecían el encendido o apagado de las luces del entorno en función del número de personas que se encuentran en un momento determinado dentro de cada habitación (García-Herranz, Haya, Montoro, Esquivel y Alamán, 2006). Un ejemplo de este tipo de reglas es:

    room:mainroom:habitants :: room:labo:habitants = 0 => device:lamp1:status := 0;

    room:mainroom:habitants :: room:labo:habitants<> 0 => device:lamp1:status := 1;

Nótese que las luces de una habitación solo se apagan si esa habitación queda vacía. Otros escenarios que pueden ser planteados bajo esta información de contexto, puede involucrar la definición de reglas similares para el uso de altavoces. La idea sería encender los altavoces solo en aquellas habitaciones ocupadas por usuarios del entorno y no encenderlas en aquellas que estuvieran vacías.

Conclusiones

Aun y cuando no se ha realizado una experimentación formal respecto al rendimiento de la red de nodos de control ZigBee, en cuanto a su contribución con información de contexto, su implementación y primeros resultados en los prototipos nos han permitido considerar esta tecnología como viable, incluso, la consideramos una opción para el desarrollo de otras fuentes de información de contexto, por ejemplo: en el control de climas o aires acondicionados, control de altavoces y sistemas de audio, sistemas de seguridad, etc. En esta primera experiencia es posible identificar que los nodos de control a partir de tecnología ZigBee proporcionan un medio no intrusivo para obtener información de localización y actividad simbólica de los habitantes en un Entorno Activo. Esta información enriquece el contexto permitiendo la personalización de servicios con bajo despliegue de infraestructura y un bajo consumo de energía. A fin de formalizar la experimentación acerca de los nodos de control que se plantean en este trabajo, se tiene contemplado crear un escenario donde se estudie la hipótesis de que a partir de la información obtenida de los nodos de control se pueden tomar decisiones tales como minimizar el consumo de energía de un Entorno Activo, entre otras. La confirmación de esta hipótesis, demostrará que los nodos de control propuestos en este trabajo, enriquecen la información de contexto en una aplicación práctica de este tipo de entornos.

El éxito de este tipo de tecnología, dependerá en gran medida, de estudios posteriores acerca de cómo proteger la privacidad de los usuarios en Entornos con Inteligencia Ambiental (Esquivel, Haya, García-Herranz y Alamán, 2009).

V. Sustentabilidad del uso de dispositivos móviles para centralización de control de entornos activos.

Los entornos activos ofrecen una amplia gama de interacción con sus elementos. Dicha interacción debe mantenerse tan flexible como sea posible, esto se puede lograr haciendo uso de múltiples modalidades, servicios web, voz, tacto, y tantos otros como sean las preferencias y capacidades del usuario. Algunas desarrollos en domótica incluyen agentes de dialogo en lenguaje natural, Agentes basados en reglas, interfaces a través de internet y QRCodes que permiten configurar, activar y conocer los elementos del entorno activo. Por ejemplo, un usuario debe ser capaz de encender un servidor de música de una manera tan simple y fácil como lo es apagar o encender las luces de una habitación.

En la actualidad los dispositivos móviles se han convertido en parte esencial de la vida cotidiana. Una empresa dedicada al Social Media realizó un análisis en enero del 2014 sobre de la penetración de Internet en el mundo, así como del grado de uso de redes sociales y de dispositivos móviles. El análisis muestra el crecimiento de los dispositivos móviles, que a nivel mundial supone un 93% de penetración. Esta tendencia implica que el dispositivo móvil este ampliamente presente en la vida cotidiana de los usuarios, lo cual expande la posibilidad de que los dispositivos móviles sean preferidos para ofrecer interfaces que controlen los elementos de un entorno activo.

Una de las ventajas del uso de los dispositivos móviles es la centralización del control de los elementos de los entornos activos. Los dispositivos móviles proveen la potencia y flexibilidad para soportar interfaces complejas que permitan manipular múltiples dispositivos. Por ejemplo, es posible usar un Smartphone para encender y apagar las luces de las habitaciones, controlar el televisor, visualizar el estado de los dispositivos de la casa tanto de manera local como a través de internet.

Por otra parte, las pilas son una fuente grave y poco analizada de contaminación (Gavilán, Rojas y Barrera, 2009). El Instituto Nacional de Ecología apoyado por la Secretaría de Medio Ambiente y Recursos Naturales (SEMARNAT) en uno de sus estudios indica que en México se consumieron 19,709 toneladas anuales (equivalentes a casi 10,530 millones de piezas) de pilas primarias durante el periodo 1996-2007, lo cual corresponde al 0.06% de las 34.5 millones de toneladas de residuos sólidos urbanos generados cada año en el país. Por lo tanto en el mismo estudio se firma que es indispensable y urgente desarrollar programas integrales de manejo ambiental de las pilas que incluyan tres aspectos fundamentales: El primero es prohibir la venta de pilas con metales contaminantes que excedan los límites permisibles. El segundo es promover el acopio y reciclado. Finalmente, el tercero, es impulsar una cultura de respeto ambiental y mejor aprovechamiento en el consumo energético.

Gracias al soporte de un entorno activo es posible incorporar el control de dispositivos a través de QRcodes, marcas de agua e internet, que permiten acceder a interfaces complejas como lo es el control de la televisión, clima artificial, luces, entre otros. La sustentabilidad en este aspecto se refiere a aprovechar la potencia, omnipresencia y flexibilidad de los dispositivos móviles para disminuir o incluso anular el uso de otros aparatos de control que consumen energía y requieren pilas.

Referencias

Esquivel, A., Esquivel, J. A., Salas, M. I., Salas, J. M., Arredondo, D. (2013). Evaluación de la percepción de usabilidad de una interfaz de usuario para Entornos Activos basada en la lectura de códigos QR. Congreso Internacional de Informática Aplicada (ISBN: 978-607-9119-02-7), pág. 92-98.

Esquivel, A., Haya, P. A., García-Herranz, M., Alamán, X. (2009). A Proposal for Facilitating Privacy-Aware Applications in Active Environments. Advances in Soft Computing (ISSN: 1615-3871), Vol. 51, pag. 312-320.

Esquivel, J. A., Molina, M. R., Esquivel, A., Salas, M. I. (2011). Desarrollo de una aplicación basada en la localización simbólica para la adquisición de información de contexto en entornos activos. 17th International Congress on Computer Science Research, pág. 3-15

Esquivel, J., Montoro, G., Alamán, X., Esquivel, A. (2009). Primeros pasos de un sistema de diálogos para el control dinámico de Entornos Activos. Congreso de computación, informática, biomédica y electrónica, CONCIBE 2009. Digital Scientific and Technological Journal (e-Gnosis), ISSN: 1665-5745, 2009.

García-Herranz, M., Haya, P. A., Esquivel, A., Alamán, X. (2008). Easing the Smart Home: Semiautomatic Adaptation in Perceptive Environments. Journal of Universal Computer Science, vol. 14 no. 9, pp. 1529-1544.

García-Herranz, M., Haya, P. A., Montoro, G., Esquivel, A., Alamán, X. (2006). Adaptación automática de entornos activos mediante agentes basados en reglas. 2nd International Workshop on Ubiquitous Computing & Ambient Intelligence (ISBN: 84-6901744-6), pp. 189-204.

Gavilán, A., Rojas, L., Barrera, J. (2009). Las pilas en México un diagnóstico ambiental. Informe del Instituto nacional de Ecología.

Haya, P. A., Montoro, G., Esquivel, A., García-Herranz, M., Alamán, X. (2006). Desarrollo de aplicaciones sensibles al contexto en Entornos Activos. 2nd International Workshop on Ubiquitous Computing & Ambient Intelligence (ISBN: 84-6901744-6), pp. 205-217.

CAPITULO VIII

Sustentabilidad: La Importancia del Derecho y legislación Ambiental en la Conservación de los recursos naturales

Juan Antonio Herrera Izaguirre
Ramón Roque Hernández
Adán López Mendoza

Esta investigación aborda la importancia de los recursos naturales para la subsistencia del ser humano y del derecho ambiental como pauta para influir en la conducta del ser humano y para la protección de los mismos recursos. Se estructura de la siguiente manera, la sección 1, proporciona al lector conceptos relativos a la diversidad biológica, recursos naturales y la importancia de los mismos. La sección 2, empleados en la introducción, abunda sobre la definición del derecho ambiental e identifica la legislación ambiental empleada para conservar los recursos naturales.

Biodiversidad: Una Introducción

En el presente capitulo se abordan temas relativos al medio ambiente, la biodiversidad y sus principales amenazas, así como los recursos naturales presentes en México y en Tamaulipas, si bien el objetivo del presente trabajo es el análisis del principales mecanismos en la implementación del Código para el Desarrollo Sustentable para el Estado de Tamaulipas, es necesario conocer los temas mencionados pues su protección a través de las disposiciones contendías en el código contribuye al desarrollo sustentable de la Entidad Federativa.

1.1.- Medio ambiente y Biodiversidad.

El medio ambiente es el conjunto de características físicas, químicas y biológicas que condicionan y definen las cualidades del entorno,(Guzman, 2002:127) la relación del medio ambiente y la biodiversidad es estrecha, pues la variabilidad de vida se da en el ambiente, este en general, condiciona a cualquier ser vivo, de aquí la necesidad de conocer que es la biodiversidad y que factores la amenazan. La biodiversidad es entendida como la pluralidad de vida en el planeta, es una contracción de la expresión "diversidad biológica", la real academia de la lengua española (RAE) la define como la variedad de especies animales y vegetales en su medio ambiente, la concepción más amplia no solo comprende la variedad de especies, sino que incluye múltiples niveles de organización biológica, abarca a la diversidad de especies de plantas y animales que viven en un sitio, a su variabilidad genética, a los ecosistemas de los cuales forman parte estas especies y a los paisajes o regiones en donde se ubican los ecosistemas, a su composición que es la identidad y variedad de los elementos, incluye que especies están presentes y cuantas hay, también incluye los procesos ecológicos y evolutivos que se dan a nivel de genes, especies, ecosistemas y paisajes. (¿Qué es la Biodiversidad, 2014). De este concepto se derivan tres niveles de estudio, a) diversidad genética, es el resultado de la variación en el contenido de la información genética que cada organismo tiene en el ADN de sus células, es decir, es el número total de características genéticas dentro de cada especie, (Diversidad Genética, 2014) b) diversidad de especies, es la multiplicidad de especies que pueden vivir en un medio o región, entendiendo por especie, el conjunto de individuos con caracteres comunes transmisibles por herencia, interfértiles (inter; entre, y fértil; que está en condiciones de reproducirse) pero aislados genéticamente por barreras, en general sexuales, de las restantes especies, con un género de vida común y una distribución geográfica precisa, (Fraume, 2007:182) y c) diversidad de ecosistemas, se resume a la variedad de ecosistemas, el cual es definido como el conjunto de poblaciones de diferentes especies que cohabitan en un sitio, que interaccionan entre sí y con el medio físico y químico en el que se desarrollan, (SEMARNAT, 2007:16) estos niveles no están aislados, sino que interactúan unos dentro de otros. En el nivel de genes, cada individuo posee un código genético único resultado de la evolución de millones de años, lo que origina la gran pluralidad de individuos que integran la variedad de especies, que interactúan entre si y se desarrollan sobre la base de los factores físicos de un ambiente común (ecosistema).

1.2- Principales causas de amenaza a la Biodiversidad.

Son varios los factores que amenazan la biodiversidad, a continuación se hace una descripción de algunos de ellos.

I:- Pérdida y alteración de los ecosistemas. El ser humano es una especie más en el planeta lo que implica que para subsistir depende forzosamente de la naturaleza, el crecimiento de la población trae aparejado un mayor consumo de los recursos naturales, se estima que existen en el mundo 7.000 millones de personas (Fondo de Población de Naciones Unidas, 2014) que directa o indirectamente dependen de los ecosistemas ya que estos proporcionan los beneficios que la población humana requiere para su bienestar y desarrollo, (SEMARNAT, 2007:17) dichos beneficios son conocidos como servicios ambientales o ecosistémicos, su clasificación se divide en cuatro vertientes, 1) servicios de regulación; procesos de regulación o funcionamiento de los ecosistemas, 2) servicios de soporte; procesos en los que se basa el funcionamiento de los ecosistemas, y por lo tanto, la producción de otros tipos de servicios, 3) servicios de provisión; productos materiales que se obtienen directamente de los ecosistemas, y 4) servicios culturales; beneficios no materiales que satisfacen necesidades científicas, espirituales y recreativas. (SEMARNAT, 2011:34).

Se puede deducir que la pérdida de ecosistemas afecta directamente al ser humano, si tomamos en cuenta que sin los servicios que nos brindan, la vida en el planeta desaparecería, pero cuáles son las causas por las que se pierden, principalmente por la intervención del ser humano, es aquí donde se ubica el crecimiento demográfico, se estima que entre la tercera parte y la mitad de la superficie terrestre del planeta ha sido transformada por la acción humana,(SEMARNAT, 2007:21) pues es necesario explotar con mayor intensidad los ecosistemas para cubrir las necesidades de las poblaciones que aumentan cada vez más. La deforestación está relacionada con el mencionado crecimiento, y es una de las causas más graves, pues implica la remoción de la vegetación arbolada de un sitio, para su transformación a terrenos agrícolas, ganaderos o urbanos, (SEMARNAT, 2007:25) en este orden de ideas, un bosque puede terminar con un aspecto desértico, desapareciendo tanto especies animales como vegetales y además todos los servicios ambientales, se sabe que los ecosistemas interactúan entre sí, por ende, la deforestación no afecta a un área limitada o determinada, sino a toda la vida en el planeta, por ejemplo perjudica la regulación del clima, la producción de oxigeno, la erosión del suelo y la pérdida de nutrimentos (SEMARNAT, 2007:25). Por último la alteración se hace palpable a través de la fragmentación de los ecosistemas, es decir, la perdida de continuidad de un ecosistema, afectando su funcionamiento, en el que el hábitat natural es reducido a pequeños remanentes, (YVONNE, 2014) pues la homogeneidad se rompe provocando un panorama heterogéneo, las clases de fragmentación pueden ser varias formas: a) divisiva; cuando la separación de forma lineal rompe el paisaje, por ejemplo la construcción de una carretera, b) intrusiva; cuando la fragmentación del ecosistema se da del interior de este y se expande hacia fuera, c) envolvente; cuando la fuerza divisoria rodea el perímetro de la matriz y la separa desde afuera hacia el centro, d) regresiva; cuando la fuerza de fragmentación se aplica en un lado de la matriz y procede empujando ese lado hacia adentro, por ejemplo en las áreas costeras o en los asentamientos de montañas que talan el bosque hacia arriba, y e) galopante; cuando la fuerza de fragmentación opera a lo largo de elementos conectados y deja un corredor entre los remanentes de la nueva matriz, se dice que esta es una mezcla de regresiva y envolvente.

II.- La sobreexplotación de especies. Es la segunda causa que coloca a la biodiversidad en peligro, como se mencionó anteriormente la población mundial ha alcanzado niveles impresionantes, 7.000 millones de seres humanos habitan el planeta, (Fondo de Población de Naciones Unidas, 2014) consumiendo alimento, vestido, materias primas, y en general todo aquello que proviene de las especies, la explotación es algo natural, su capacidad de regeneración nos permite consumirlas, pero cuando es desproporcionado, irracional, se produce un fenómeno conocido como sobreexplotación, en este rubro como ejemplo se pueden ubicar dos actividades, la pesca y la caza, en lo que concierne a la primera, es de tal relevancia, que tan solo en el 2010, según datos de la organización de las naciones unidas para la alimentación y la agricultura (FAO), la pesca de captura y la acuicultura proveyeron a la población mundial 148 millones de toneladas de pescado, de los cuales 128 millones de toneladas, aproximadamente, se asignaron al consumo humano, (Estado Mundial de la Pesca y Agricultura, 2014) cuando esta actividad rebasaba los límites de la capacidad extractiva de cardúmenes o banco de peces, se produce una sobrepesca, (Fausto, 2014) que puede causar el agotamiento y la posible extinción de estos recursos en su medio natural, pues se impide que se recuperen y puedan seguir explotándose (SEMARNAT, 2011:51). En cuanto a la caza, que es todo acto dirigido a la captura de animales silvestres, ya sea que se les mate, mutile o atrape vivos, y la recolección de sus productos, (Fraume, 2006:60) y su principal efecto es la disminución del tamaño de las especies que puede provocar la pérdida de una parte de la variabilidad genética de las poblaciones y en casos donde la caza ha sido excesiva conducir a la extinción.

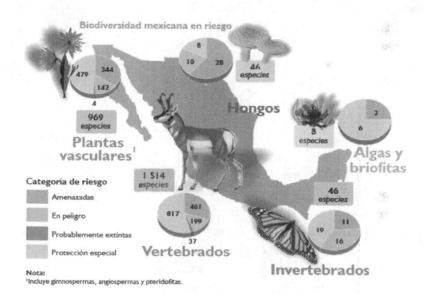

Figura 1. Categoría de Especies en Riesgo,
SEMARNAT, en línea: <http://app1.semarnat.gob.
mx/dgeia/informe_resumen/04_biodiversidad/cap4.
html(consultada 20 de diciembre del 2014).

III.- Las especies invasoras, estas son organismos introducidos en un hábitat que no le es propio (Fraume:2007:184) son una de las amenazas a la biodiversidad más dañinas, y que afecta el funcionamiento de los ecosistemas, se introducen a un nuevo entorno ya sea de manera natural, por ejemplo, huracanes, corrientes marinas e inundaciones, o por actividades humanas, intencionales o accidentales, esto por medio de una ruta de introducción, que es el proceso por el que se traslada una especie de la región donde es nativa a una nueva área a la que no llegaría por dispersión natural, para cuando los daños ocasionados por las especies invasoras son perceptibles, las invasiones, en general, han alcanzado grandes magnitudes con graves consecuencias. (KOLEFF, 2011:4) Cuando las especies llegan a un nuevo hábitat, hay posibilidades de que mueran, debido a que no se adaptan al clima, no resistan las enfermedades propias del nuevo hábitat, o bien, no sean capaces de sobrevivir a los depredadores, (SEMARNAT, 2011:62) sin embargo, ciertos organismos se adaptan desarrollando un comportamiento distinto al que tenían en su ecosistema de origen, pues frecuentemente llegan a nuevo entorno en los que no tienen enemigos naturales que regulen sus poblaciones, por lo que incrementan su número de forma rápida y compiten con las especies endémicas por alimento, espacio, e incluso se convierten en sus depredadores o transmisores de enfermedades. (SEMARNAT, 2011:62). El proceso de invasión tiene tres etapas, a) introducción; es la transferencia por parte del ser humano de ejemplares vivos de una nueva región, fuera del área de distribución natural de la especie, b) establecimiento; son los elementos esenciales para el asentamiento de una población viable y auto-sostenible, y por último, c) dispersión; se refiere a la capacidad de movilidad de las especies. (KOLEFF, 2011:5-7).

Como se mencionó con antelación las especies endémicas presentes en los distintos ecosistemas han resultado con serios daños y alteraciones, en México se han documentado 44 especies invasoras de las 100 catalogadas como las más nocivas del mundo, (KOLEFF, 2012:9) ante tal preocupación el estado mexicano ha emprendido una serie de acciones, primero creando un sistema de información de especies invasoras, este se integró al sistema nacional de información sobre biodiversidad (SNIB) mismo que es operado por la comisión nacional para el conocimiento y uso de la biodiversidad, CONABIO, con el objeto de compilar datos e información sobre las especies o sus poblaciones y evaluar su potencial de dispersión, actualmente se han registrado un total de 1,117 especies exóticas, de las cuales 358 están catalogadas como invasoras y 52 han sido evaluadas. Como segunda mediada para enfrentar la introducción, dispersión y establecimiento de las especies en el 2010 se estructuró una estrategia nacional sobre especies invasoras en México y tiene como ejes rectores la prevención, el control, la erradicación y la difusión de la información, en un plazo de 10 años. (Comité Asesor Nacional, 2010).

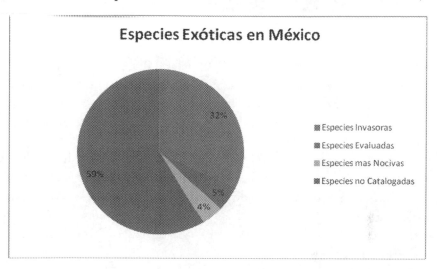

Figura 2. Clasificación de Especies en México,
Comité Asesor Nacional, 2010, (elaboración propia)

1.3.- La Biodiversidad presente en México y Tamaulipas.

La situación de México respecto a riqueza natural es una posición privilegiada, ya que en el mundo existen alrededor de 200 países, pero sólo en 12 ellos, incluyendo a México, se encuentra el 70% de la biodiversidad del planeta, (SEMARNAT, 2007:50) se estima que existen en el país entre el 10 y el 12% de las especies conocidas por la ciencia, a pesar de contar solo con el 1.3% de la superficie terrestre del planeta, (SEMARNAT, 2007:51) lo cual es conocido como un país megadiverso, pero cuál es la razón o a que se debe su riqueza, fundamentalmente a tres factores, a) la confluencia de dos zonas biogeográficas, la zona Neártica, de donde proceden las especies típicas de los climas fríos, y la zona Neotropical, de donde proceden las especies tropicales, b) el relieve, es el segundo factor, que entre otros se conforma de serranías, altas mesetas, volcanes y grandes valles, y por último, c) los climas, la variabilidad de climas permite ubicar en el territorio mexicano distintos ecosistemas que hacen posible la pluralidad de vida en el país (SEMARNAT, 2011:

20) cuando estos tres factores se conjugan originan una gran diversidad biológica.

Respecto a Tamaulipas, la Entidad Federativa tiene una extensión de 80,249 kilómetros cuadrados (Km^2), por ello ocupa el sexto lugar a nivel nacional como una de las entidades más grandes de la República Mexicana, lo cual representa el 4.1% de la superficie del país. (INEGI, 2014). Tiene climas variados, el 58% del estado presenta clima cálido subhúmedo, el 38% presenta clima seco y semiseco en el centro, el norte y hacia el suroeste del estado; el 2% es templado subhúmedo en la región suroeste, y el restante 2% presenta clima cálido húmedo localizado hacia el suroeste(INEGI, 2014). Lo que le permite tener condiciones óptimas para que las especies se reproduzcan, también ayuda al cultivo, en este rubro destacan el sorgo, la soya, el maíz y el frijol, entre otros(INEGI, 2014). Tamaulipas no es una de las entidades con más diversidad de especies, sin embargo, alberga 2, 339 especies de seres vivos, lo que representa el 11% del total de especies que se han registrado en México (Lara, 2008:44).

2. La definición de Derecho.

El propósito de una definición es dejar claro el contenido de una disciplina, implica la formulación de una proposición que expone con claridad y exactitud los caracteres genéricos y diferenciales de algo material o inmaterial (Real academia, 2013:53). Sin embargo el definir el derecho es una tarea compleja pues no existe en la actualidad una noción general de derecho incuestionable, un concepto inmutable que abarque todas las expresiones o manifestaciones que se presentan en el mundo jurídico y que sea aceptada por todos, parece ser que hay tantos conceptos como estudiosos del derecho (Garcia, 2002: 3). Sin embargo en general al definir el derecho se parte de sus notas características como son las normas jurídicas y la regulación de la del ser humano en sociedad. Podemos señalar que el derecho puede conceptualizarse como un conjunto de normas bilaterales, externas, generalmente heterónomas y coercibles, que tienen por objeto regular la conducta humana en su interferencia intersubjetiva (Rojina, 1979: 7). o bien como un conjunto de normas jurídicas que confieren facultades, que imponen deberes y que otorgan derechos con el fin de regular los intercambios y, en general la convivencia social para la prevención de conflictos o su resolución con base en los criterios de certeza, seguridad, igualdad, libertad y justicia (Perez,2009: 36). Del anterior concepto se desprende que el objeto del derecho es establecer un orden de paz, justicia, igualdad, certeza y libertad.

El sustantivo derecho, cuando se presenta adjetivado con otra palabra que designa un sector del sistema jurídico, por ejemplo derecho civil, derecho penal o derecho mercantil, la expresión así compuesta puede referirse precisamente a aquel sector del sistema jurídico de que se trata y, en consecuencia, designar al conjunto de normas jurídicas que integran ese sector, pues la expresión derecho, en este caso, se estará utilizando en el sentido de derecho positivo (Brañes, 2000: 29). pero la misma palabra puede referirse a un conjunto de proposiciones que se formulan respecto de dichas normas, cuando con ella se quiere designar a una determinada ciencia jurídica(Brañes, 2000: 30). en base a lo anterior podemos concluir por ejemplo que el significante "Derecho Ambiental" tiene dos significados, pues puede referirse para denominar al conjunto de normas jurídicas que regulan cuestiones en materia ambiental o a la ciencia del derecho que se encarga del estudio de éstas, es común que en la literatura jurídica se utilice de manera indistinta la expresión mencionada.

2.2.- El Derecho Ambiental.

Existen diversas definiciones de derecho ambiental en su mayoría generadas desde un punto de vista positivista, para Raúl Brañes el Derecho ambiental es "el conjunto de normas jurídicas que regulan las conductas humanas que pueden influir de una manera relevante en los procesos de interacción que tienen lugar entre los sistemas de los organismos vicos y sus sistemas de ambiente, mediante la generación de efectos de los que se espera una modificación significativa de las condiciones de existencia de dichos organismos"(Brañes,2000:32). de este concepto se derivan 3 características principales: 1.- el termino derecho ambiental está dirigido al conjunto de normas que reglan la conducta humana, 2.- el derecho ambiental solo le pone atención a las conductas humanas que pueden actuar en los procesos de interacción que se dan entre los sistemas de los organismos vivos y sus sistemas de ambiente, y por último, 3.- cl dcrccho ambiental únicamente se ocupa de ellas si estas, al influir sobre los procesos, alteran de una manera substancial las condiciones existentes de los organismos vivos (Brañes, 2000: 33).

También es definido como "el conjunto de reglas que se encargan de la tutela jurídica de aquellas condiciones que hacen posible la vida en todas sus formas, además si el derecho ambiental tiene que ver con la continuidad de la vida sobre la tierra, no es del todo aventurado pensar que el acervo de normas jurídicas que están dirigidas a la salvaguardia de la biosfera, es lo que se denomina derecho ambiental." (Quintana, 2002: 17).

Narciso Sánchez considera que el derecho ambiental "es un conjunto de normas jurídicas de derecho público, que regula las relaciones de los seres humanos en sociedad, con los diversos recursos naturales, en la medida en aquellos pueden influir en estos últimos" (Sánchez, 2001: 6). Además agrega que el derecho en mención se trata de un sistema normativo que conduce las relaciones entre los seres vivos y su medio ambiente, siendo el conductor de las mismas el hombre para propiciar su propio equilibrio y desarrollo sustentable. (Sánchez, 2001: 8).

Existen autores quienes agregan a la definición el campo o rama del derecho en la que se ubica al derecho ambiental, como lo es el derecho público porque contiene normas que regulan la organización del estado y los procedimientos entre éste y los particulares, (Instituto de investigaciones, 1982: 397). de este último se desprende el derecho administrativo, que es aquel conjunto de normas jurídicas que regulan el funcionamiento del poder ejecutivo y sus relaciones con los gobernados, así como las reglas a que están sujetos los servidores públicos, (Instituto de investigaciones, 1982: 396). en base a lo anterior podemos decir que el derecho ambientales es público y administrativo. Al respecto Ramón Martin Mateo considera que "el derecho ambiental tiene implicaciones o manifestaciones del derecho privado, pero su meollo es fundamentalmente público, se impone fundamentalmente por el Estado, en cuanto que regula las relaciones del hombre con su entorno, por ello su carácter es autoritario y represivo" (Martin, 1995: 61). En relación al carácter administrativo del derecho en cuestión agrega "dentro de sus sistema normativo, el derecho administrativo ocupa un espacio destacado teniendo en cuenta que los instrumentos que maneja son los idóneos para la conformación por el Estado de las conductas privadas adecuándolas a los intereses colectivos." (Martin, 1995: 63).

2.2.1.- ¿Derecho Ambiental o Derecho Ecológico?

Existen dos corrientes fundamentales en torno a la denominación de la materia que regula a la conducta del ser humano en relación con la conservación y protección de los recursos naturales, hay quienes afirmas que lo correcto es llamarla "Derecho Ecológico" otros en cambio consideran más acertado "Derecho Ambiental", como es el caso del presente trabajo, a nuestro juicio y en base a los argumentos esgrimidos por los estudiosos en la materia, derecho ambiental es la denominación correcta.

Puesto que la ecología es una ciencia natural su objetivo es ayudar a comprender la forma como el ambiente se estructura y funciona, sin embargo solo con sus principios y leyes, es incapaz de actuar sobre las conductas del ser humano en la sociedad. (Quintana, 2002: 9). La ecología despliega lo que "es" en la esfera de competencia del objeto de su estudio; pero no lo que "debe ser" en el ámbito del comportamiento humano que se considera necesario o deseable, (Quintana, 2002: 10). en consecuencia es de imperiosa necesidad dar respuesta social a los problemas ambientales existentes utilizando como medio la creación del derecho ambiental, de tal forma que la ecología con el auxilio del derecho puedan dar solución a las problemáticas ambientales.

Al respecto Jesús Valtierra menciona "podemos concluir que el termino adecuado para la materia que nos ocupa es precisamente el de derecho ambiental y no derecho ecológico. Y esto es así porque el termino ecología resulta sumamente limitado en razón del objeto general y amplio que se pretende regular a través de la disciplina jurídica encargada de proteger y conservar el medio ambiente. Esto es, el derecho ambiental" (Quintana, 2002: 11).

En conclusión podemos señalar las características principales del derecho ambiental de la siguiente forma: 1.- El término derecho ambiental está dirigido al conjunto de normas que regulan la conducta humana, 2.- El derecho ambiental solo le pone atención a las conductas humanas que pueden actuar en los procesos de interacción que se dan entre los sistemas de los organismos vivos y sus sistemas de ambiente, 3.- así mismo y en relación con dichas conductas humanas, el derecho ambiental únicamente se ocupa de ellas, sí éstas, al influir sobre los procesos, alteran de una manera substancial las condiciones existentes de los organismos vivos. (Quintana, 2002: 12).

2.3.- La Legislación Ambiental.

Entendemos por legislación el conjunto o cuerpo de leyes por las cuales se gobierna un estado, o una materia determinada,(Real academia, 2013: 36). algunos diccionarios jurídicos al hablar de legislación, remiten directamente al concepto de ley, pues la primera es un conjunto de leyes.

La legislación ambiental, podemos inferir, que es el conjunto de normas jurídicas que regulan las cuestiones ambientales, el concepto de esta, se liga íntimamente a la definición de derecho ambiental, pues se toma a la legislación ambiental como su objeto, funciona para regular la interacción de la humanidad y el resto de los componentes biofísicos o el medio ambiente natural, hacia el fin de reducir los impactos de la actividad humana, tanto en el medio natural y en la humanidad misma. La legislación ambiental, se divide en dos tipos, *lato sensu,* es toda ley que tenga por objeto regular la conducta del hombre, respecto de las cuestiones ambientales, independientemente de que su protección no sea integral ni tenga como finalidad la protección integra o general del medio ambiente, es aquí donde se ubica la denominada legislación ambiental heterodoxa o legislación sectorial de relevancia ambiental, que es aquella que está destinada a proteger aisladamente esferas sanitarias, patrimoniales, de recursos naturales o de interés estético o científico, (Quintana, 2002: 15). en este tipo o clase, la tutela jurídica del medio ambiente se efectuó por la vía de la protección individual de los elementos ambientales. (Quintana, 2002: 21).

Por otro lado encontramos a la legislación ambiental en un *stricto sensu,* es aquella que reconoce como bien jurídico tutelado el resguardo de los ecosistemas, considerados en cuanto tales, y que regula el manejo de los factores que lo constituyen, con una perspectiva global e integradora, sobre la base del reconocimiento practico de las interacciones dinámicas que se dan entre ellos y con miras a afianzar el mantenimiento de los presupuestos de los equilibrios funcionales del todo del que forman parte, (Quintana, 2002: 22). la característica principal de este tipo de legislación consiste, no en el objeto regulado, sino en el encauzamiento con el que se procede a su regulación. (Quintana, 2002: 23).

2.4.- Legislación Ambiental Federal.

A nivel Federal la materia ambiental encuentra su sustento constitucional en el artículo 4°, párrafo quinto el cual dispone "…Toda persona tiene derecho a un medio ambiente sano para su desarrollo y bienestar. El Estado garantizará el respeto a este derecho. El daño y deterioro ambiental generará responsabilidad para quien lo provoque en términos de lo dispuesto por la ley…" (CPEUM, 2013: 26). este articulo está íntimamente relacionado con el artículo 1° párrafo tercero que dispone "…Todas las autoridades, en el ámbito de sus competencias, tienen la obligación de promover, respetar, proteger y garantizar los derechos humanos de conformidad con los principios de universalidad, interdependencia, indivisibilidad y progresividad. En consecuencia, el Estado deberá prevenir, investigar, sancionar y reparar las violaciones a los derechos humanos, en los términos que establezca la ley…" (CPEUM, 2013: 27). En consecuencia el Estado, sin importar las esfera competencia de que se trate tiene la obligación mencionada, independientemente de si es una autoridad Federal, Estatal o Municipal.

La ley reglamentaria de las disposiciones ambientales en la Constitución es la Ley General de Equilibrio Ecológico y Protección al Ambiente (LGEEPA, 1988:58). Dispone la propia norma en su artículo 1° que es una ley "…reglamentaria de las disposiciones de la Constitución Política de los Estados Unidos Mexicanos que se refieren a la preservación y restauración del equilibrio ecológico, así como a la protección al ambiente, en el territorio nacional y las zonas sobre las que la nación ejerce su soberanía y jurisdicción. Sus disposiciones son de orden público e interés social y tienen por objeto propiciar el desarrollo sustentable…" (LGEEPA, 1988:59). esta norma tiene como finalidad establecer las bases para: 1.-Garantizar el derecho de toda persona a vivir en un medio ambiente adecuado para su desarrollo, salud y bienestar; 2.- Definir los principios de la política ambiental y los instrumentos para su aplicación; 3.- La preservación, la restauración y el mejoramiento del ambiente; 4.- La preservación y protección de la biodiversidad, así como el establecimiento y administración de las áreas naturales protegidas; 5.- El aprovechamiento sustentable, la preservación y, en su caso, la restauración del suelo, el agua y los demás recursos naturales, de manera que sean compatibles la obtención de beneficios económicos y las actividades de la sociedad con la preservación de los ecosistemas; 6.- La prevención y el control de la contaminación del aire, agua y suelo; 7.- Garantizar la participación corresponsable de las personas, en forma individual o colectiva, en la preservación y restauración del equilibrio ecológico y la protección al ambiente; 8.- El ejercicio de las atribuciones que en materia ambiental corresponde a la Federación, los Estados, el Distrito Federal y los Municipios, bajo el principio de concurrencia; 9.- El establecimiento de los mecanismos de coordinación, inducción y concertación entre autoridades, entre éstas y los sectores social y privado, así como con personas y grupos sociales, en materia ambiental, y 10.- El establecimiento de medidas de control y de seguridad para garantizar el cumplimiento y la aplicación de esta Ley y de las disposiciones que de ella se deriven, así como para la imposición de las sanciones administrativas y penales que correspondan. (LGEEPA, 1988:60).

2.5- Antecedentes de la Ley General de Equilibrio Ecológico y Protección al Ambiente (LGEEPA).

Con antelación a la publicación de la LGEEPA aparecieron en el escenario jurídico mexicano dos leyes, la primera fue la Ley Federal para Prevenir y Controlar la Contaminación Ambiental (LFPCCA), publicada en el Diario Oficial de la Federación el 23 de Marzo de 1971, posteriormente fue derogada para dar paso a la expedición de la Ley Federal de Protección al Ambiente (LFPA), publicada en el Diario Oficial de la Federación el 11 de enero de 1982, años más tarde el día 28 de Enero de 1988 se publicó la LGEEPA, ley que hasta este momento se encuentra vigente.

2.6.- Naturaleza Jurídica Ley General de Equilibrio Ecológico y Protección al Ambiente (LGEEPA).

La LGEEPA es una ley (federal) marco, pues desde el punto de vista de las competencias, este tipo de normas jurídicas expedidas por el poder legislativo, tienen dos propósitos simultáneos: a) Distribuir competencias entre la Federación y los estados, sentando las bases para el desarrollo de las leyes locales correlativas. b) Establecer el régimen federal para regular la acción de los poderes centrales en la materia de que se trate, que en este caso es la preservación y restauración del equilibrio ecológico y la protección del medio ambiente (Lopez, 2006: 141).

Las leyes marco tienen su génesis en Federalismo adoptado por el Constituyente y plasmado en el precepto 124 constitucional las facultades que no están expresamente concedidas a la Federación, se entienden como reservadas a las Entidades Federativas.

Para Raúl Brañes "los ordenamientos jurídicos que se han expedido en los últimos tiempos en esta materia, cuando ellos, al regular el conjunto de la protección del ambiente, no agotan este tema y, en consecuencia, dejan subsistentes los ordenamientos jurídicos preexistentes que versan sobre temas específicos que tienen que ver con la misma protección al ambiente. Las "leyes marco", por decirlo así, se superponen a la legislación ambiental preexistente, modificándola mediante reglas generales sobre la materia, a cuyas prescripciones quedan por lo habitual subordinadas las reglas especiales contenidas en los ordenamientos jurídicos preexistentes, en el sentido de que se aplican sólo de manera supletoria. En otras palabras, las disposiciones de la "ley marco" prevalecen sobre las de las leyes especiales. Como se comprenderá, la "supletoriedad" es un mecanismo que busca asegurar una vigencia irrestricta de la correspondiente "ley marco". (Brañes, 2000: 133).

Al respecto Valtierra Quintanilla expresa "La adopción en ciertas materias de las llamadas generales o leyes marco. A partir de estas, se autoriza la distribución de competencias por parte del legislador secundario entre los distintos órdenes de gobierno, no obstante que tal tarea, en el pasado reciente, estuvo reservada de manera exclusiva a la Constitución... El otro factor trascendente para la organización federal mexicana, es el fortalecimiento de las atribuciones del municipio impulsado a través de la Constitución." (Quintana, 2002: 22).

2.7.- Reglamentos de la Ley General de Equilibrio Ecológico y Protección al Ambiente (LGEEPA).

Actualmente la LGEEPA cuenta con seis reglamentos expedidos por titular del Poder Ejecutivo Federal (Congreso de la unión, 2013: 83). en ejercicio de la facultad reglamentaria puede expedir reglamentos que contribuyan a la aplicación de leyes, la facultad mencionada se le concede en el artículo 89° fracción I, de la Constitución Política de los Estados Unidos Mexicanos (CPEUM, 2013: 45). misma que dispone que el Presidente puede "Promulgar y ejecutar las leyes que expida el Congreso de la Unión, proveyendo en la esfera administrativa a su exacta observancia." (CPEUM, 2013: 48).

Figura 3. Reglamentos de la LGEEPA en diversas materias
(Elaboración propia, Fuente: CONGRESO DE LA UNIÓN).

En referencia a esta facultad el maestro Gabino Fraga menciona "proveer significa poner los medios adecuados para llegar a un fin. Cuando se emplea esta palabra en la fracción I del art. 89°, quiere decir que el Presidente tiene facultad de usar los medios para hacer que se observen las leyes expedidas por el Congreso. Tales medios no son los ejecutivos, porque ya en otro lugar de la misma fracción se le confieren al Presidente. Tiene que ser, pues, medios de la misma naturaleza de la ley, necesarios para desarrollar en su aplicación los preceptos contenidos en la ley, lo cual significa que son de aplicación general, como la ley misma a la cual se refieren. De lo dicho se infiere que los actos reglamentarios son materialmente legislativos, pero formalmente administrativos, porque según la Constitución competen al Presidente, lo cual se corrobora si se tiene en cuenta que cuando la fracción I dice "en la esfera administrativa", está concediendo al ejecutivo la facultad de expedir disposiciones de carácter general, que por su naturaleza incumben al congreso". (Fraga, 1952: 134).

De lo anterior podemos concluir que el derecho ambiental es de suma importancia para la conservación del medio ambiente. Como se pudo observar a lo largo de esta investigación, México es un país mega diverso y posee gran cantidad de diversidad de especies. También observamos una amplia gama de legislación ambiental. A pesar de ésta legislación los recursos naturales siguen extinguiéndose cada día. El anterior fenómeno puede deberse a la falta de implementación de la legislación ambiental, toda vez que el objeto principal de las leyes en el cambio de conducta en el individuo. Es deseable que el gobierno federal y el estatal en Tamaulipas designen amplios recursos financieros para mejorar la implementación de la citada legislación. Lo anterior a través de contratación de inspectores con perfiles adecuados al área ambiental, la adquisición de equipo científico necesario para el monitoreo y el fortalecimiento de instituciones dedicadas a la protección ambiental.

Referencias

Brañes, Raúl, Manual de Derecho Ambiental Mexicano, Segunda Edición (México, Fondo de Cultura Económica, 2000).

Comité Asesor Nacional sobre Especies Invasoras, Estrategia Nacional sobre Especies Invasoras (México, CONABIO, 2010). En línea<http://www.conabio.gob.mx/invasoras/images/9/90/Especies_invasoras_Mexico _dic2010.pdf> (Consultado Mayo 10, 2014).

Congreso de la Union, Reglamentos de Leyes Federales Vigentes. En línea:< <http://www.diputados .gob.mx/LeyesBiblio/regla.htm> (Consultado Agosto 12, 2013).

Constitución Política de los Estados Unidos Mexicanos (CPEUM).

Diversidad genética. En línea< http://www.biodiversidad.gob.mx/genes/divgenetica.html > (Consultado Mayo 01, 2014).

Estado Mundial de la Pesca y la Agricultura. En línea <http://www.fao.org/docrep/016/i2727s/i2727s.pdf> (Consultado Mayo 10, 2014)

Fausto O. Sarmiento, Diccionario de Ecología: Paisajes, Conservación y Desarrollo Sustentable para Latinoamérica. En línea: <http://www.ensayistas.org/critica/ecologia/diccionario/s.htm> (Consultado Mayo 10, 2014).

Fondo de Población de las Naciones Unidas, (UNFPA, por sus siglas en ingles), Estado de la Población Mundial 2011. en línea< http://www.unfpa.org.mx/publicaciones/SP-SWOP2011.pdf> (Consultado Mayo 01, 2014).

Fraume, Néstor, Diccionario Ambiental (Colombia, ECOE ediciones, 2007)

Fraume, Néstor, Manual Abecedario Ecológico (Colombia, San Pablo, 2006)

Guzmán, Cesar, Diálogos Institucionales I (Perú, Fondo Editorial UNMSM, 2002)

Instituto Nacional de Estadística y Geografía (INEGI), Información de la Entidad Federativa, Tamaulipas. En línea <http://cuentame.

inegi.org.mx/monografias/informacion/tam/territorio/default. aspx?tema=me&e= 28>. (Consultado Mayo 15, 2014)

Koleff, Patricia, Introducción al Tema de Especies Invasoras, (México, CONABIO, 2011). En línea: http://www.conabio.gob.mx/invasoras/ images/3/3e/I.1_Introduccion_Patricia_Koleff.pdf (Consultado Mayo 10, 2014)

Koleff, Patricia, Subsistema de Información sobre Especies Invasoras (México, Biodiversitas, 2012) En línea< http://www.biodiversidad. gob.mx/Biodiversitas/Articulos/biodiv100art6.pdf>   (Consultado Marzo 22, 2013)

Lara, Villalón, Naturaleza y Desarrollo Sustentable (México, Agisa, 2008)

Ley General de Equilibrio Ecológico y Protección al Ambiente (LGEEPA), Diario Oficial de la Federación, 28 de Enero de 1988. En línea: < http://www.diputados.gob.mx/LeyesBiblio/pdf/148.pdf> (Consultado Julio 12, 2013).

López Sela, Pedro, Derecho Ambiental, (México, Iure Editores, 2006)

Martin Mateo, Ramón, Manual de Derecho Ambiental (España, Trívium, 1995)

Pérez Nieto, Leonel, Introducción al Estudio del Derecho, Sexta Edición, (México, Oxford University Press, 2009)

¿Qué es la biodiversidad? En línea: <http://www.biodiversidad.gob.mx/ biodiversidad/que_es.html> (Consultado Mayo 01, 2014)

Quintana Valtierra, Jesús, Derecho Ambiental Mexicano (México, Porrúa, 2002)

Rojina Villegas, Rafael, Compendio de Derecho Civil Tomo I, XVI Edición, (México, Porrúa, 1979)

Sánchez Gómez, Narciso, Derecho Ambiental (México, Porrúa, 2001)

Semarnat, ¿Y el Medio Ambiente? Problemas en México y el Mundo, 2007)

Yvonne Herrerías, Las consecuencias de la Fragmentación de los Ecosistemas. En línea <http://www2.ine.gob.mx/publicaciones/libros/467/julieta.html> (Consultado Mayo 01, 2014)

CAPITULO IX

Producción competitiva: ¿La Motivación y los Sistemas de Recompensa?

Mayra Elena García Govea
Juan Antonio Herrera Izaguirre
Liliana Marlene Arriaga Huerta
Violeta Mangin Guixeras

1.-Introducción.

Motivación es un conjunto de fuerzas energéticas que se originan tanto dentro como más allá de ser un individuo, para iniciar un comportamiento relacionado con el trabajo y para determinar su forma, dirección, intensidad, y duración; la Motivación laboral surge por el año de 1700, en el viejo mundo europeo, cuando los antiguos talleres de artesanos se transformaron en fábricas donde decenas y centenares de personas producían operando máquinas; es una alternativa que logró la mediación entre los intereses patronales y las necesidades o expectativas de los trabajadores, porque en donde existen varias personas laborando, las relaciones se complican y hay que emplear la cabeza para reflexionar, decidir y comunicar; hay 2 grandes teorías de la necesidad humana que abordaremos en este ensayo que son: Jerarquía de necesidades de Maslow, y una teoría reciente llamada la teoría z llamada la escuela japonesa de William Ouchi. (Newstron, 2007:115) Aunado a la motivación se encuentran los sistemas de recompensas que pueden ser personales u oficiales, formales e informales, públicas o privadas, y pueden consistir en regalos o actividades. Las recompensas deben estar en función de la cantidad de tiempo que usted tenga para planearla y ejecutarla y del dinero que haya de gastar, se debe decir siempre la razón por la cual se está otorgando la recompensa; es decir, debe colocar el logro dentro de un contexto, una vez que se haya recompensado en forma consecuente el desempeño deseado, la pauta de recompensas puede empezar a regularizarse, a medida que el desempeño deseado se vuelva habitual a los empleados. Algunas empresas galardonan a sus empleados especialmente por sus realizaciones en la organización, tales como las sugerencias para ahorrar costos, el servicio excepcional al cliente y el cumplimiento de los objetivos de ventas. Estos dos factores la motivación y la recompensa han sido señalados por expertos como fundamentales en el aumento de la producción ya que el capital humano es uno de los principales elementos de las empresas. Por ello, en el desarrollo de las políticas de Responsabilidad social, las organizaciones han de asumir compromisos de gestión sensibles a las necesidades de sus trabajadores. Las medidas de conciliación y de igualdad son importantes instrumentos que mejoran la motivación de los empleados y el clima laboral, incrementándose la productividad de la empresa. La motivación es un elemento fundamental para el éxito empresarial ya que de ella depende en gran medida la consecución de los objetivos de la empresa. Lo cierto es que todavía muchos sectores no se han percatado de la importancia de estas cuestiones y siguen practicando una gestión que no tiene en cuenta el factor humano. La investigación se organiza de la siguiente manera: La sección segunda habla sobre La motivación laboral. La sección tercera hace mención sobre los tipos de recompensas. La sección cuarta analiza la importancia del capital humano; y la última sección proporciona la conclusión e hipótesis de la investigación. (Nelson, 2006:82).

2.-La Motivación en el Ambiente Laboral.

El propio concepto de la motivación opone la actividad a la inercia; la motivación no sería nada más que el conjunto de actividades a cabo para lograr la satisfacción de nuestras necesidades; y este concepto se aplicaría tanto a los comportamientos más elementales como a las tareas más complejas de los individuos en sus puestos de trabajo. Si esta definición de la motivación en el trabajo se considera pertinente, sus aplicaciones son evidentes: conocer las necesidades de los miembros de un equipo es saber cómo motivarles. La competencia y la motivación del personal, se convierten en elementos decisivos para la supervivencia de las empresas, resulta de procesos complejos que ponen en juego, de forma indisociable, las características individuales relacionadas con el funcionamiento afectivo, cognitivo y social, las condiciones propias del entorno de trabajo así como las interacciones individuo- entorno. De ahí el desarrollo lógico de las teorías de las necesidades que ha consistido en proponer inventarios de necesidades así como métodos que permitan evaluar su fuerza motivadora. (Levoyer, 2000:13,35). La motivación puede ser algo externa cuando se producen desde fuera de la persona, o algo interno cuando el individuo se motiva así mismo. Si observamos cualquier empresa, se puede comprobar que hay personas que en el mismo puesto y con las mismas condiciones de trabajo, tienen mayor rendimiento laboral que otras. La empresa se debe plantear por qué ocurre esto.

Para comprender el comportamiento de los individuos, las organizaciones empresariales bien gestionadas deberían utilizar la motivación para que todos sus empleados colaboren y cooperen en la obtención de las metas, animándoles a compartir sus ideas y entusiasmo en el trabajo. (González, 2006:82). La mayoría de las teorías que pretenden explicar el fenómeno de la motivación laboral se presentan dos que destacan, que son las teorías de las necesidades humanas y constituyen lo siguiente:

2.1.-Jerarquía de las necesidades de Maslow.

De acuerdo con A. H. Maslow, las necesidades humanas no son de igual fuerza, y surgen en una secuencia definida; Maslow describe las necesidades humanas a través de una pirámide, en la cual están distribuidas de acuerdo a la importancia e influencia que estas tienen en el comportamiento humano. Maslow presenta de manera breve y después interpreta estas necesidades, como se muestra en la figura 2.

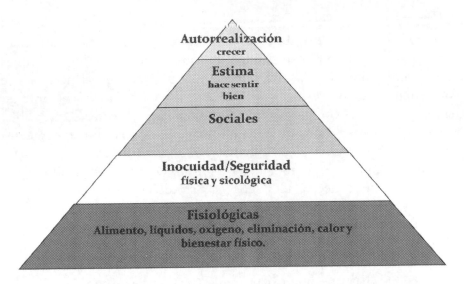

Figura 1. Teoria de las necesidades de Maslow. En
lìnea:< http://blog.masterinprojectmanagement.net/
la-crisis-de-maslow/> (consultado diciembre 20, 2014)

Maslow deja las necesidades fisiológicas en la base de la pirámide;
son las más básicas que posee el individuo, dentro de ellas tenemos, la
necesidad de funcionamiento del cuerpo, adquirir alimentos sólidos y
líquidos, eliminación de residuos orgánicos, recuperación de energía
física y mental. Constituye el nivel más bajo de las necesidades humanas,
están relacionadas con la subsistencia de los empleados y se requiere la
satisfacción de dicha necesidad. Por ende las necesidades de seguridad
aparecen una vez cubiertas parcialmente las anteriores, no se satisfacen
de forma inmediata, sino en el futuro, y hace referencia a la necesidad
de protección que desea tener el individuo. Cuanto más seguro sea su
ambiente laboral, más motivado estará. Por lo cual las necesidades sociales
se encaminan a que el individuo se relacione con otros, para encontrar
afecto y pertenecer a un grupo. Estas aparecen una vez cubiertas las
anteriores. por ello la necesidad de consideración y de estima también
comprende que todo individuo necesita sentirse útil y necesario, no solo
consigo mismo si no también con los demás. De ahí que la satisfacción de
esta necesidad sea importante para el equilibrio emocional del individuo.
Este tipo de necesidad produce satisfacciones como poder, prestigio,
categoría y seguridad en uno mismo y hacía con los demás. Finalmente,
las necesidad de la Autorrealización se basan en la superación, no solo

a nivel físico y psíquico sino también social, que el individuo necesita para poder desarrollar todo su potencial; en este nivel el ser humano requiere trascender, dejar huella, realizar su propia obra, realizar su talento al máximo. Maslow considero a esta como la necesidad más alta de su jerarquía, se trata del deseó de de llegar a ser lo que se es capaz de ser, de optimizar el propio potencial y de realizar algo valioso. En realidad la teoría de Maslow constituye un marco que ayuda a la observación de una teoría de sentido estricto; por lo pronto los tipos de necesidades que utiliza no son otra cosa que una serie de categorías clasificadas de todo el conjunto de realidades que parecen mover la acción humana. Tiene la ventaja de ser muy abiertas, y en ese sentido ayuda a escapar de las fáciles simplificaciones que tienden a reducir los motivos de las relaciones humanas a la búsqueda del logro de objetivos demasiado estrechos (dinero, comodidad, admiración, etc.) dada su riqueza descriptiva tiende a llamar la atención de la multitud y riquezas de fines y metas que persiguen las personas al actuar. Su inconveniente principal estriba en su falta de conexión con una concepción del ser humano, carencia de una teoría antropológica que explique y de sentido unitario a todo ese conjunto de realidades que los hombres buscan conseguir a través de sus acciones. (Pérez, 2002:46)

2.2.- Teoría Z.

Después de la década de 1970 y la crisis energética del petróleo, en la industria estadounidense entraron en decadencia los niveles de productividad, mientras en las empresas japonesas sus indicadores iban en alza; para ese entonces William Ouchi se preocupó por conocer la causa del fenómeno japonés, de lo cual indujo que en el estilo gerencial estaba la diferencia entre ambas culturas. Publicando su estudio bajo el título de: *Theory how American Business can meet the Japanese Challenge*, conocida como Teoría Z, debido al rasgo característico de las empresas norteamericanas que se asemejaban en el estilo gerencial al japonés. (Palomo, 2010:102), así que no sólo la amenaza y el castigo son los únicos medios de generar un esfuerzo hacia los objetivos organizativos.

Algunas prácticas se basaron en el crecimiento de las organizaciones en base al capital invertido, sin tomar en cuenta el recurso humano, otras como la teoría Z, abrazaron el recurso humano como parte fundamental en el crecimiento de las empresas sea cual fuera su función, esta teoría es participativa y se basa en las relaciones humanas, pretende entender al trabajador como un ser integral que no puede separar su vida laboral de su vida personal, por ello invoca ciertas condiciones especiales como la confianza, el trabajo en equipo, el empleo de por vida, las relaciones personales estrechas y la toma de decisiones colectiva, todas ellas aplicadas en orden de obtener un mayor rendimiento del recurso humano y así conseguir mayor productividad empresarial, se trata de crear una nueva filosofía empresarial humanista en la cual la compañía se encuentre comprometida con su gente; Pero ¿por qué esta áurea de comprensión tan filial entre empresa y empleados? porque Ouchi considera firmemente que un empleo es más que eso, es la parte estructural de la vida de los empleados, es lo que les permite vivir, donde viven, comer lo que comen, vestir lo que visten, define sus años de vejez, entonces, si este empleo es desarrollado de forma total dentro de una organización, la persona se integra a ella y crea un sentido de pertenencia que la lleva a dar todo lo que es posible por alcanzar los objetivos empresariales, con lo cual la productividad estaría prácticamente asegurada (Palomo, 2003:21). Los círculos de calidad son un instrumento de las empresas que aplican la teoría Z, un círculo de calidad es un pequeño grupo de empleados del mismo lugar de trabajo que han sido adiestrados para identificar y analizar problemas vinculados a sus propias tareas. Una vez completado el análisis y formulado una solución, se presentan a la administración de la empresa las recomendaciones pertinentes. Trabajar en equipo, compartir los mismos objetivos, disfrutar lo que se hace y la satisfacción por la tarea cumplida son características de la cultura Z que abren las posibilidades de mejorar el rendimiento en el trabajo.

La teoría Z nos indica que las condiciones precedentes (incentivos, cooperación, proximidad, confianza, etc.) favorecen la intimidad, la participación personal y las relaciones profundas de las personas en el trabajo, y esto a su vez fomenta la confianza entre los empleados; por ende los empleados entran a un circulo de calidad; un circulo de calidad es un pequeño grupo de empleados del mismo lugar de trabajo que han sido adiestrados para identificar y analizar problemas vinculados a sus propias tareas y una vez completado el análisis y formulada una solución, se presenta a la administración de la empresa las recomendaciones pertinentes. La idea de los círculos de calidad motiva mediante la participación, tratando de satisfacer las necesidades superiores y utilizando los factores motivadores; los empleados obtienen el reconocimiento, asumen responsabilidades, cumplen una labor útil y llegan a comprender mejor a su empresa (Galán, 2002:115).

Ouchi también habla de tres aspectos fundamentales que Son tres los principios básicos de la teoría Z; que son la confianza es la que hace posible nuestras relaciones personales y comerciales, y nos afecta tanto en el quehacer diario como en nuestra proyección a largo plazo, igual de importante es la confianza en los proyectos. La confianza es la que permite cambiar amenazas por oportunidades, resolver dificultades eficientemente, (Urquijo, 2004:2002) y lograr un alto desempeño; por ello la atención a las relaciones humanas son una función directiva de carácter continuativo y organizado, por medio de la cual organizaciones e instituciones públicas y privadas tratan de conquistar y mantener la comprensión, la simpatía y el apoyo de aquellos públicos con los que están o deberán estar vinculados a través de la evaluación de la opinión pública sobre la obra propia, a fin de concordar en todo lo posible las orientaciones y procedimientos propios y obtener por medio de una información amplia y difundida, una cooperación productiva y una realización más eficaz de los intereses comunes; y la última pero no la menos importante habla de las relaciones humanas estrechas, es el ambiente actual de trabajo demanda habilidades como tener una perspectiva global, saber trabajar en equipo, contar con suficiente profundidad y flexibilidad profesional para ofrecer una capacidad multifuncional, el 85% de los factores que contribuyen al éxito profesional son cualidades personales y el otro 15% en el conocimiento técnico; las relaciones humanas cobran más importancia conforme evoluciona la economía (Ouchi, 2000:86).

La teoría Z es participativa y se basa en las relaciones humanas, pretende entender al trabajador como un ser integral que no puede separar su vida laboral de su vida personal, por ello invoca ciertas condiciones especiales como la confianza, el trabajo en equipo, el empleo de por vida, las relaciones personales estrechas y la toma de decisiones colectiva, todas ellas aplicadas en orden de obtener un mayor rendimiento del recurso humano y así conseguir mayor productividad empresarial, se trata de crear una nueva filosofía empresarial humanista en la cual la compañía se encuentre comprometida con su gente, proporciona medios para dirigir a las personas de forma tal que el trabajo realizado en equipo sea más eficiente; la teoría Z sugiere que los individuos no desligan su condición de seres humanos a la de empleados y que la humanización de las condiciones de trabajo aumenta la productividad de la empresa y a la vez la autoestima de los empleados; la teoría de William Ouchi busca crear una nueva cultura empresarial en la cual la gente encuentre un ambiente laboral integral que les permita auto-superarse para su propio bien y el de la empresa. (Ouchi, 2000:86)

3. Método de Recompensas laborales.

Las recompensas organizacionales, tales como pagos, promociones y otros beneficios, son poderosos incentivos para mejorar la satisfacción del empleado y se desempeño. Este reciente interés por los sistemas de recompensas como intervención, se origina parcialmente en investigaciones sobre calidad de vida en el trabajo. Esta nueva perspectiva considera las recompensas como una parte integral de las organizaciones y sugiere que las mismas podrían ser congruentes con otros sistemas y prácticas organizacionales, tales como el análisis de la estructura organizacional, la filosofía de las relaciones humanas de alta dirección, diseño del trabajo, etc. Se han realizado numerosas investigaciones sobre este tema. Desde una perspectiva individual, relacionada con la calidad de vida en el trabajo, las recompensas deben ser suficientes para satisfacer las necesidades del personal. De no ser así, los empleados no estarán contentos ni satisfechos en la organización, ya que tienden a comparar los sistemas de recompensas con los de otras empresas.

Asimismo, quieren que las recompensas sean otorgadas de manera equitativa, por lo cual comparan sus recompensas con las recibidas por otros miembros de la organización. Por ello, los sistemas de recompensas deben ser "diseñados" de acuerdo con las necesidades de los individuos. Generalmente, los sistemas de recompensas mejoran cuatro aspectos de la eficacia organizacional; motivan al personal a unirse a la organización, influyen sobre los trabajadores para que acudan a su trabajo, los motivan para actuar de manera eficaz, y refuerzan la estructura de la organización para especificar la posición de sus diferentes miembros. Todo trabajo implica este elemento de equilibro entre lo que damos y esperamos recibir; equidad o justicia significa que el retorno debe ser equivalente en valor a la contribución. El rendimiento tiene que estar ligado a la recompensa, así como la promoción debe estar ligada al mérito; obtener recompensas financieras justas es más decir que hacer en muchas situaciones de trabajo, pero el principio sigue siendo importante y se deben buscar formas de aplicarlo.

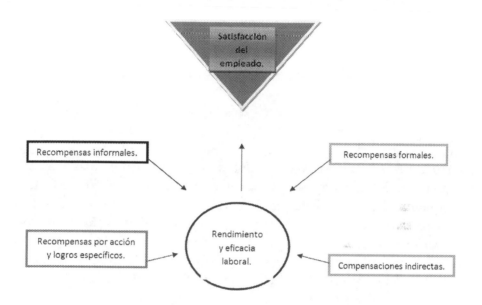

Figura 2. Diagrama de las recompensas (elaboración propia).

3.1 Recompensas informales.

Son aquellas que se otorgan por iniciativa del directivo sobre la base del desempeño. Las pautas para recompensar y reconocer eficazmente la labor de los empleados son: Adecuar la recompensa a la persona. Comience con las preferencias personales del individuo; recompénselo en una forma que para él sea verdaderamente satisfactoria. Así como adecuar el premio a lo logrado. Para que el refuerzo sea eficaz ante un buen desempeño se debe tener presente cuánto significa el logro del empleado. La recompensa debe estar en función a la calidad de tiempo que se empleó en determinada labor. Y también Ser oportuno y específico. Para ser eficaces, las recompensas deben ser otorgadas tan pronto como se logra el desempeño o el resultado esperado. Las recompensas que se demoran semanas o meses no lograr motivar a los empleados. Siempre se debe decir por qué se les está otorgando la recompensa; es decir, colocar el logro dentro de un contexto. Las recompensas no solo son más eficaces sino que tienden a ser menos costosas, según un estudio para que un empleado mejore su actuación generalmente se requiere una prima que representa entre un 5 y un 8% de su sueldo, cuando la recompensa es en efectivo, y aproximadamente solo un 4% cuando la recompensa no es en efectivo (Nelson, 2000:16).

3.2.- Recompensas por acciones y resultados determinados.

Muchas empresas recompensas especialmente las realizaciones que son importantes para toda la organización, tales como las ideas para ahorrar costos, el servicio excepcional al cliente y el logro de de un objetivo determinado de ventas, Una de las recompensas más frecuente en la mayoría de las organizaciones es la del "Empleado excepcional" o "Empleado del mes". Este tipo de reconocimiento puede basarse en diversos criterios, formales o informales, y puede otorgarse tanto por realizaciones excepcionales como por muchas actividades dignas de elogio. El premio cobra más importancia si en la selección de candidatos intervienen los compañeros de trabajo y no solamente los directivos. Para que el personal sea productivo y se sienta satisfecho y motivado el desempeño eficiente debe ser altamente valorado y recompensado. Cuando un equipo de empleados obtiene un logro hay que recompensar a todo el equipo. Si sólo se expresa reconocimiento al líder o al integrante de mejor desempeño, el grupo tiende a perder motivación (Hersey, 1997:28).

3.3.- Recompensas Formales.

Es una de los programas de recompensas que desarrolla la empresa por iniciativa propia para mantener motivado al personal. Una carta de agradecimiento o un elogio en público puede ser una manera significativa de reconocer los esfuerzos y logros de una persona, pero si esa es la única forma de reconocimiento que utiliza el gerente, perderá muy pronto su eficacia.

Se recomienda que se designe a directivos de la institución para recompensar eficazmente a los empleados y que no utilicen incentivos generalizados. Darles el mismo premio a todos por igual, sólo nos inspiran en ellos el deseo de superación, sino que por el contrario, puede perjudicar el desempeño de los empleados que obtuvieron los más altos resultados, al no ver debidamente reconocido su esfuerzo excepcional. (Stephen,1999, 169).

3.4.- Compensación Indirecta.

La existencia de presentaciones y servicios al personal corresponden a objetivos de carácter social, organizativo y de desarrollo personal de los empleados. Para muchas personas la palabra "compensación" es sinónimo de "salario". Cualquier otro ingreso que proporcione la organización se considera con frecuencia como algo de menor importancia, haciendo que el término "prestación" se relegue a los aspectos suplementarios. En realidad, la tendencia es el aumento de las prestaciones y los servicios que han crecido más, proporcionalmente hablando en relación a sueldos y salarios, durante los últimos veinte años. Es cierto que en Latinoamérica la mayor proporción de la compensación aún corresponde a estos factores, pero en ciertas naciones industrializadas, como en Estados Unidos, las prestaciones constituyen un 37% del total de las compensaciones y la tendencia es a todas luces igual en América Latina. Una lista tentativa de algunos de los servicios y prestaciones que las empresas proporcionan a sus empleados, al margen de las prestaciones de ley, convencerá a los escépticos que suponen que las prestaciones sólo abordan un mínimo porcentaje de los recursos de las organizaciones.

Entre los servicios más comunes se cuentan los seguros de vida contratados en el nivel de grupo, seguros contra accidentes, seguros médicos paralelos al seguro social, servicios dentales; prestaciones por muerte de un pariente próximo, nacimiento de un hijo, matrimonio y otros acontecimientos sociales; servicios de alimentos en un establecimiento de la empresa, ayudas para la preparación académica de los empleados o sus hijos y guarderías para los niños pequeños de los empleados. Esta lista es sólo parcial prácticamente toda organización de mediano o gran tamaño puede incluir varias prestaciones y servicios adicionales; pueden señalarse como objetivos de la organización que se cumplen mediante compensaciones indirectas, los siguientes aspectos reducción de tasas de rotación, desaliento a los movimientos tendientes al conflicto, ventajas para el reclutamiento de personal, y satisfacción de los objetivos de los empleados. (Schultz, 2008:451).

Es importante hacer énfasis en que una organización constituye ante todo una composición social de seres humanos; en donde es preciso que exista una estructura y una jerarquía necesaria para que se logren lo fines que la organización se propone. La formación continua en la empresa está dada por dos aspectos motivacionales: las necesidades de los empleados y los objetivos de la empresa. La importancia del estudio de estas recompensas es la satisfacción laboral, es decir, el desempeño y rendimiento laboral. Para esto se hace énfasis en que las recompensas representan una parte muy importante de esta satisfacción de los trabajadores. La reacción ante las recompensas se da por la percepción de cada persona, que la visión del mundo que tiene y que está influida por los valores personales. Por ello, los gerentes no pueden motivar con base en afirmaciones relacionales sin considerar que las personas actúan de acuerdo a como ven los hechos y no como empleados, pues es muy difícil que acepten esquemas motivacionales que la administración desea que tengan. Finalmente se deben reconocer las diferencias individuales ya que los principales objetivos de los programas de recompensas son: atraer, mantener, motivar.

4.- La importancia del capital humano en la empresa.

Dentro de los recursos intangibles de la empresa, sin duda el capital humano constituye el recursos más estratégico y también el más complejo de gestionar. El capital humano, es el conjunto de habilidades, conocimientos y competencias de las personas que trabajan en la empresa, es una fuente incuestionable de ventajas competitivas a largo plazo. El capital humano es, en la mayor parte de las organizaciones el activo más importante ya que genera el capital estructural, relación de la compañía y la competitividad de la organización. El capital humano nace ante la necesidad de las empresas de contar con una herramienta de alta tecnología, que dé soporte en la producción ya que una máquina por muy avanzada que esté no puede manejarse sola y se necesita de los trabajadores para ponerla a funcionar, es el conocimiento útil para la empresa que poseen las personas o equipos de la misma, así como su capacidad para requerirlo, es decir, su capacidad de aprender.

El trabajo corre a cargo del capital humano, el capital lo prestan los inversionistas y la dirección corre a cargo de gerentes y directivos, los gerentes, directivos o administradores deben basarse para la toma de decisiones en el trabajo que desempeñan sus trabajadores y así saber elegir el curso de acción que más le convenga a la empresa, la combinación de los distintos factores con vistas a la producción corresponde al empresario, verdadero intermediario entre el consumidor, cuyas necesidades debe valorar y la producción cuyos elementos (trabajo humano, máquinas, materias primas) debe reunir y disponer para que den el rendimiento o la fabricación deseada. (López, 2005:59).

La relación laboral de la empresa con el capital humano es en el proceso del trabajo de los obreros para descubrir nuevas formas de organizarse laboralmente cubriendo las exigencias del patrón con las de los trabajadores y así habrá un mejoramiento de la producción y asegurar una posición de la empresa dentro del mercado, para que haya una buena relación del trabajador con la empresa deben desarrollarse planes de apoyo para el trabajador con servicios como la capacitación del personal, así como proveer de herramientas que los hagan más eficientes y les permitan desarrollar sus actividades con eficiencia, tener un departamento de recursos humanos y comunicarse constantemente con ellos para ayudar al desarrollo profesional del capital humano que integra la empresa, de esta manera los trabajadores se sentirán comprometidos y así darán su máximo potencial al desarrollar sus actividades dentro de la empresa. Muchas empresas ante la imposibilidad operativa y financiera de contar con un departamento de recursos humanos dejan en segundo plano esta función, lo cual representa una desventaja ante la competitividad que se vive día con día entre las empresas lo cual puede significar una disminución en las utilidades por tener problemas durante la productividad lo que le costaría que no sería una empresa líder en el mercado (López, 2005:59). Las empresas que no prestan la suficiente atención a su capital humano pueden tener muchas desventajas por no capacitarlos antes de realizar sus actividades lo cual representaría disminuciones en la calidad del producto por no hacer las cosas bien desde el principio y a la primera, y corregirlos posteriormente significaría costos extras para la empresa al igual con los descuentos por la calidad inferior, desperdicios y el pago a los clientes por la mala calidad. Por lo que debemos identificar entonces la necesidad de implementar esquemas eficientes para el manejo de la información y aplicarla para el reclutamiento, selección, evaluación y contratación de su personal y así encontrar a la persona ideal para el puesto ideal, utilizando evaluaciones psicométricas para analizar el potencial y las aptitudes que poseen las personas para desempeñarse en un determinado puesto, pruebas que nos permitan evaluar sus aspectos intelectuales, personales, físicos, así como sus destrezas y habilidades. Una buena administración del capital humano impulsa el rendimiento operativo generando valor en toda la empresa y la ayuda a hacer más eficientes los sistemas y procesos de recursos humanos para reducir costos, mejorar la productividad, alinear al personal con metas y objetivos para impulsar el rendimiento del negocio, y asegurar la posición de la empresa dentro del mercado.

La fuerza del trabajo humano forma parte del capital de una empresa ya que pertenece al conjunto de bienes utilizados en la producción. El trabajo es una actividad analizada y voluntaria de los hombres mediante el cual el capital humano puede producir bienes y servicios para cumplir sus necesidades, así como establecer relaciones entre sí, con la naturaleza, con las máquinas y con los medios de producción. El capital humano puede realizar trabajos manuales o intelectuales y puede aplicarse en muchas áreas de trabajo como la agricultura, la industria o los servicios. La fuerza del trabajo o la capacidad de trabajar que posee el capital humano es el conjunto de cualidades físicas e intelectuales que el hombre posee y que aplica en la producción de sus satisfacciones de las necesidades (López, 2005:59).

5. Conclusión y propuestas

La motivación, recompensa y la importancia del capital humano, tiene como objetivo ayudar a los gestores de recursos humanos a entender cómo se constituye la motivación, comprende y estima hacia el capital humano; y aplicando dichas teorías aumentara la producción y la eficacia laboral también le ayudara a elegir la mejor recompensa acorde de su desempeño y contribución, siempre teniendo en cuenta que no se le puede dar más al trabajador de los que aporta a la empresa. La eficacia de las estrategias motivacionales y los tipos de recompensas aplicados por la empresa depende de características complejas que concierne de los individuos que laboran en la organización lo que significa que no existe una formula universal para la motivación y las recompensas si no indicadores específicos para el análisis de cada una de los pasos del proceso motivacional y de recompensa que permite definir y confirmar tales como las necesidades a satisfacer, como recompensar según la utilidad, como cambiar el trabajo para que sean motivados y alcanzar el éxito de la organización. El capital humano es el valor laboral que un empleado concede a la empresa, el desempeño del trabajo se evalúa conforme a las habilidades, el conocimiento y experiencia que el trabajador posee, el capital humano es vital para el funcionamiento y éxito de cualquier negocio (Levoyer, 2001: 37).

Referencias

Galán, José, Diseño organizativo, Parafino, (España, 2002).

González, Manuel, Habilidades directivas, (España, innova, 2006) pág. 82.

Hersey, P. Kenneth,B. Administración Del Comportamiento Organizacional. (México: Prentice Hall, 1997), Pag. Cap.II

Levoyer, Claude, La motivación en la empresa, (España, Gestión 2000, 2001).

López, María, Capital humano como fuente de ventajas competitivas, (España, netbiblo, 2005). Pago 59.

Nelson, Bob, 1001 formas de recompensas a sus empleados (New York, Gestión 2000, 1997).

Newstron, John, Comportamiento Humano, (México DF, Mc Graw Hill, 2007) pág. 100.

Ouchi, William, The secret of TSL, Pearson, (Estados Unidos, 2000).

Palomo, Francisco, Círculos de calidad: teoría y practica, Marcombo, (España, 2003).

Palomo, María, Liderazgo y motivación de equipos de trabajo, ESIC, (España, 2010).

Pérez, Juan, Fundamentos de la dirección de empresas, Rialp, (España, 2002).

Schultz, D., Psicología Industrial. (México: Mc Graw Hill, 2008)

Stephen, R.Coulter, M. Administration. México: Prentice HaLL, (España, 1996)

Urquijo, José, Teoría de las relaciones sindicato-gerenciales, (Venezuela, 2004) pág. 202

CAPITULO X

Aplicación y evaluación del Proceso Unificado de Desarrollo de Software

Ramón Ventura Roque Hernández
Adán López Mendoza
Manuel Ignacio Salas Guzmán

1. Introducción

Una metodología para desarrollar software configura las distintas actividades realizadas para la construcción de aplicaciones. En la actualidad, no basta con que una metodología sea completa, también debe usar adecuadamente los recursos para entregar el software rápidamente sin descuidar aspectos de calidad o que comprometan su mantenimiento posterior. Esto es de particular relevancia para los proyectos de corta duración con recursos disponibles limitados, en donde generalmente no se sigue un enfoque metodológico para su obtención y el producto resultante es poco escalable así como de difícil y costoso mantenimiento.

Por ejemplo, una metodología con estas características es indispensable en las empresas pequeñas, las cuales, con frecuencia requieren software transaccional construido a la medida. El producto final debe ser funcional, entregado rápidamente y con apego a los recursos económicos disponibles para su desarrollo, los cuales, generalmente son escasos.

Una metodología adecuada contribuiría a que estos proyectos fueran exitosos y de buena calidad a pesar de las condiciones bajo las que fueron desarrollados.

Otro escenario es el desarrollo de proyectos universitarios de programación, el cual está circunscrito a un semestre académico de aproximadamente dieciséis semanas durante el cual se enfatiza la obtención de funcionalidad final, lograda frecuentemente de manera más artesanal que metodológica. Esto es comprensible, pues los contenidos de los cursos universitarios de programación con frecuencia privilegian el aprendizaje de lenguajes y técnicas de implementación sobre el desarrollo metodológico a través del ciclo de vida completo de un proyecto. Sin embargo, el uso de metodologías bien podría ser promovido a la par del aprendizaje de los contenidos propios de estos cursos. De esta manera, una metodología adecuada para estas situaciones académicas promovería en los futuros profesionistas la adopción de un enfoque ingenieril que les permitiría aprenderla y en su momento, producir software de buena calidad también fuera del aula.

Existen muchas metodologías que pueden utilizarse para desarrollar software. Cada una con características específicas, y dirigida a tipos de proyectos particulares. Por ejemplo, el Proceso Unificado es un marco de trabajo adaptable, ampliamente documentado, iterativo e incremental, con enfoque en la arquitectura interna, que es dirigido por los requerimientos del usuario final y que es muy utilizado en proyectos de gran tamaño desarrollados por organizaciones maduras. Sus principios son sólidos y actuales, sin embargo, puede resultar más pesado que ágil en proyectos cortos conducidos por equipos pequeños. Por el contrario, las metodologías puramente ágiles suelen omitir aspectos de documentación y diseño, que pueden comprometer el mantenimiento futuro de la aplicación.

En el presente trabajo se puso en práctica una instanciación del Proceso Unificado, el cual representó un punto intermedio entre la agilidad total y el enfoque completo del PU. Los proyectos realizados estuvieron orientados a la obtención rápida de software funcional con menos de cien requerimientos, los cuales, de acuerdo a la clasificación de (Jiang, Eberlein, & H. Far, 2005) se considerarían como muy pequeños. Además, en todos los casos los proyectos fueron de aplicación real y práctica, corta duración y presupuesto escaso. La investigación recabó datos de varios proyectos de software y obtuvo una evaluación de la metodología basada en la percepción de los desarrolladores participantes. Posteriormente, se comparó esta evaluación con la obtenida previamente para los mismos aspectos en las metodologías ágiles Programación Extrema (XP) y Scrum.

El trabajo está estructurado de la siguiente manera: primero se abordan los antecedentes de las metodologías PU, XP y Scrum, posteriormente se describe la metodología seguida para esta investigación, luego se presentan los resultados, se reflexiona sobre ellos y finalmente se muestran las conclusiones y el trabajo futuro.

2. Antecedentes

2.1 El Proceso Unificado (PU)

El Proceso Unificado (PU) es un proceso de desarrollo de software que se enfoca en la creación de un sistema que busca implementar los requerimientos de sus usuarios satisfactoriamente. También es un marco de trabajo genérico que puede especializarse para cubrir diferentes áreas de aplicación, organización, y diferentes tamaños de proyectos (Jacobson, Booch, & Rumbaugh, 2005). El PU utiliza el Lenguaje Unificado de Modelado (UML) como herramienta fundamental durante todo el proceso (Pressman, 2010). El PU se define como un proceso dirigido por caso de uso, centrado en la arquitectura, iterativo e Incremental.

Dirigido por casos de uso. Un caso de uso es una funcionalidad del sistema que le brinda al usuario un resultado relevante (Sánchez, Sicilia, & Rodríguez, 2012). Los casos de uso no son solo una herramienta para concebir los requerimientos del sistema, sino que son elementos que sirven de guía para el proceso completo de desarrollo. Por esta razón los casos de uso son útiles no solo en el inicio del desarrollo sino que además proporcionan un hilo conductor a través del flujo de trabajo completo, el cual permite focalizar esfuerzos para lograr metas específicas. Los casos de uso no se desarrollan aisladamente; por el contrario, se crean al mismo tiempo que la arquitectura del sistema y van madurando mientras se avanza en el ciclo de vida del software.

a. **Centrado en la arquitectura.** El concepto de arquitectura de software corresponde a una visión de alto nivel de todo el proyecto, destacando las características más importantes y dejando los detalles menos relevantes a un lado. La arquitectura ayuda a los desarrolladores a concentrarse en los objetivos clave para el crecimiento robusto del proyecto. La visión completa de la arquitectura considera aspectos estáticos y dinámicos. Los aspectos estáticos se refieren a la estructura fundamental del sistema y los bloques por los que está formada. Los aspectos dinámicos se refieren a las interacciones entre los componentes. La Arquitectura y los casos de uso deben relacionarse para obtener un producto exitoso; por una parte los casos de uso deben encajar en la arquitectura y por otra, la arquitectura debe permitir el desarrollo de los casos de uso.

b. **Iterativo e incremental.-** Ya que un software comercial puede requerir mucho tiempo y esfuerzo para desarrollarse, es recomendable dividir el trabajo total en partes pequeñas que pueden verse como micro proyectos. Al término de cada uno de ellos se cuenta con una versión que se aproxima cada vez más al software final deseado. Estas partes pequeñas son iteraciones o repeticiones que resultan en un incremento o avance de funcionalidad. Los desarrolladores seleccionan las iteraciones basándose en dos criterios:

1. Se busca incluir en la iteración, un grupo de casos de uso que en conjunto amplíen la utilidad del software.

2. Cada iteración debe tratar de enfrentar los riesgos más importantes hasta ese momento.

El ciclo de vida de un proyecto con el proceso unificado consiste en cuatro fases que se desarrollan en el tiempo total del proyecto. Las fases son: inicio, elaboración, construcción y transición.

a. **Inicio.-** Se realiza la descripción del producto final dando especificaciones claras y precisas de todos los requerimientos que se desean. En esta fase se debe tener claro cuáles son las principales funciones del sistema para sus usuarios más importantes y cuál podría ser la arquitectura del sistema, así como un plan para el proyecto.

b. **Elaboración.-** Se especifica en detalle la mayoría de los casos de uso del producto y se diseña la arquitectura. En esta fase la arquitectura del sistema y el propio sistema son aspectos primordiales.

c. **Construcción.-** En esta fase se añaden los módulos de software a la arquitectura, la cual se hace crecer hasta convertirse en el sistema completo.

d. **Transición.-** Es el periodo donde el producto se convierte en versión beta y un número reducido de usuarios con experiencia prueba el producto e informa de defectos y deficiencias; de esta manera, los desarrolladores corrigen los problemas e incorporan algunas mejoras.

2.2 Metodologías ágiles XP y Scrum

Las metodologías ágiles de desarrollo de software (Larman, 2004) permiten la construcción rápida de software funcional mediante la adopción de modelos iterativos e incrementales en donde se intercalan actividades de análisis, diseño y construcción tomando como base los principios comunes de agilidad en el proceso (Kendall & Kendall, 2013) descritos en el manifiesto ágil (Agile Alliance, 2014). La Programación Extrema (Beck & Andres, 2004) y Scrum (Sims & Johnson, 2011) son enfoques ágiles maduros y ampliamente abordados en la literatura desde perspectivas que cubren su filosofía, principios y prácticas. También existen reportes de proyectos que se apegan a ellas, sin embargo, la ingeniería de software reconoce que no todos los supuestos en esta área son verdaderos, o bien, no están fundamentados en evidencias empíricas que los avalen plenamente (Juristo & M. Moreno, 2001).

2.2.1 Programación Extrema (XP)

La Programación Extrema, eXtreme Programming o XP (Beck & Andres, 2004), (Copeland, 2001), (Wells, 2014) es una de las metodologías ágiles más maduras y más referenciadas en la literatura, que promueve la colaboración y la comunicación con el cliente en el mismo lugar donde se lleva a cabo el desarrollo. Las fases de un proyecto en XP son: exploración, planeación, iteraciones, producción, mantenimiento y muerte del proyecto. Durante la exploración se descubren los requerimientos del sistema. El cliente comunica de manera general lo que el sistema debe hacer, para lo cual se usan las historias de usuario, que son similares a los casos de uso y están escritos en un lenguaje no técnico. Durante esta fase también se realiza la metáfora del sistema, que es la forma como el equipo conceptualiza el software que se está desarrollando. Los desarrolladores estiman tiempos de implementación que posteriormente se van refinando. En la fase de planeación, los clientes y los desarrolladores hacen negociación sobre las historias de usuario que se incluirán en la entrega del sistema en una fecha determinada.

Las iteraciones son divisiones del trabajo total en periodos cortos. La primera iteración se centra en la arquitectura básica del sistema. A partir de las siguientes iteraciones, el sistema debe contener algún valor de negocios que continuará creciendo con el desarrollo del proyecto. En la fase de producción, el software se verifica para ser utilizado en el ambiente real del cliente; también se llevan a cabo los ajustes necesarios. La fase de mantenimiento es el estado normal de un proyecto en XP; es una etapa progresiva para realizar actualizaciones y cambios al software. Finalmente, la muerte del proyecto ocurre cuando ya no hay más historias de usuario para implementar, en cuyo caso se debe elaborar un reporte de máximo diez páginas como referencia futura.

En XP existen doce prácticas que actúan de manera sinérgica para producir rápidamente software estable y de buena calidad. Cada una se explica a continuación:

a. **Juego de planeación**.- Es una actividad para extraer y organizar los requerimientos del cliente mediante historias de usuario.

b. **Entregas pequeñas**.- Se refiere la implementación de la menor cantidad posible de historias de usuario en cada entrega con un sentido completo y un valor de negocios relevante para el cliente.

c. **Metáfora del sistema**.- Es la manera en la que el equipo percibe el software que se está desarrollando; de esta manera se establece un conjunto común de términos para la comunicación técnica y de negocios en el proyecto.

d. **Diseño simple**.- Es un principio que alienta a evitar la complejidad y las características innecesarias.

e. **Realizar las pruebas primero**.- Los programadores escriben las pruebas antes de realizar el código.

f. **Refactorización**.- Es un proceso de simplificación interna en el que se mejora algo sin afectar su funcionalidad con el objetivo de eliminar duplicidad. Se puede aplicar a código, diseños, pruebas y procesos.

g. **Programación por pares**.- Dos desarrolladores comparten una misma computadora para realizar su trabajo, de esta manera las decisiones son tomadas siempre por dos personas.

h. **Propiedad colectiva de código**.- Consiste en que cualquier persona puede cambiar el código en cualquier momento.

i. **Integración continua**.- Consiste en integrar los componentes de software tan frecuentemente como sea posible en una computadora especial para tal efecto.

j. **Cuarenta horas de trabajo por semana**.- Con esta medida se intentan evitar las cargas de trabajo extremas en los desarrolladores ya que la calidad del producto y del proceso podría disminuir.

k. **Cliente en el lugar de desarrollo**.- El cliente se debe encontrar en el mismo sitio donde el desarrollo se está llevando a cabo y debe permanecer ahí durante todo el ciclo de vida del proyecto.

l. **Estándares de codificación**.- Se refiere al uso de reglas, convenciones, recomendaciones y buenas prácticas de programación que deben ser adoptadas por el equipo para garantizar la producción de software con un estilo uniforme, sin importar el programador que lo codificó.

2.2.2. Scrum

Scrum es un marco de trabajo iterativo e incremental que puede utilizarse para desarrollar software mediante ciclos de trabajo llamados Sprints, los cuales tienen una longitud fija. Al principio de estos ciclos, el equipo selecciona los requisitos del cliente de una lista de prioridades; durante el Sprint, los requisitos seleccionados no cambian. Al final del Sprint, el equipo se compromete a completar su implementación.

En cuanto a la dinámica de trabajo, el equipo se reúne diariamente en sesiones cortas para revisar su progreso y ajustar lo necesario para el resto del proyecto. Al final de cada Sprint, el equipo se reúne con todos los interesados, y demuestra lo que ha logrado. Durante estas reuniones se obtiene retroalimentación, que es considerada para el siguiente ciclo de trabajo. Uno de los objetivos de Scrum es que el producto esté realmente terminado al final del proceso. Esto significa que el código debe estar integrado, probado y debe ser potencialmente entregable (Sutherland, Jeff, 2012). En Scrum, la adaptación de los objetivos y prácticas resulta importante ya que se reconoce que en el desarrollo hay aprendizaje, riesgo y situaciones imprevistas que el equipo debe enfrentar. Con Scrum, los equipos pueden hacer frente a los problemas complejos de adaptación, mientras que de manera productiva y creativa entregan productos del mayor valor posible para el usuario final.

Un equipo Scrum está compuesto por un Propietario del Producto (Product Owner), el Equipo de Desarrollo y el Maestro Scrum (Scrum Master). El Propietario del Producto es el responsable de maximizar el valor del trabajo realizado por el Equipo Scrum; el Equipo de Desarrollo, que hace el trabajo, está formado por desarrolladores con todos los conocimientos necesarios para convertir los requerimientos del Propietario del Producto en un incremento utilizable del producto. Por último, el Scrum Master, es responsable de asegurar que el proceso es comprendido y seguido (Sutherland & Schwaber, 2013).

Los Artefactos de Scrum son elementos que apoyan al equipo de desarrollo en sus labores. Sus nombres son los siguientes: Product Backlog, Burndown de entrega, Sprint Backlog, y Sprint Burndown y se explican a continuación:

- Product Backlog. Representa todo lo necesario para desarrollar y lanzar un producto exitoso. Se trata de una lista de todas las características, funciones, tecnologías, mejoras y correcciones de errores que constituyen los cambios que se harán al producto para futuras versiones.

- Burndown de entrega. Este gráfico muestra, cada día, una nueva estimación de cuánto trabajo queda (medido en horas-persona) hasta que se terminen las tareas del equipo. Idealmente, se trata de un gráfico con pendiente descendente.

- Sprint Backlog. Es un documento detallado donde se describe cómo el equipo va a implementar los requisitos durante el siguiente sprint.

- Sprint Burndown. Es la lista de trabajo que el equipo de desarrollo debe abordar en el próximo sprint.

3. Metodología del trabajo realizado

Para la realización de este trabajo se persiguieron los siguientes objetivos: 1) Aplicar el PU en varios proyectos de desarrollo de software y obtener una evaluación de esta metodología desde la perspectiva de los desarrolladores en los aspectos que se presentan en la Tabla 1. 2) Realizar una comparación de los resultados de esta evaluación con las metodologías ágiles XP y Scrum en relación a estos mismos aspectos.

Identificador (*k*)	Característica
1	Facilidad de entenderla
2	Facilidad de implementarla
3	Facilidad de adaptarla
4	Organización para trabajar
5	Comunicación
6	Motivación
7	Eficiencia general

Tabla 1. Características consideradas en la evaluación del PU.

Para alcanzar estos objetivos, se crearon quince proyectos de software siguiendo el PU. Al terminar cada proyecto se aplicó un cuestionario al equipo de desarrolladores, en donde se pidió evaluar la metodología en relación a las características mencionadas anteriormente utilizando una escala de 0 a 4. El valor 0 representaba la calificación más baja que se podía otorgar a una característica y el 4 la más alta. Se enfatizaron estos aspectos debido a que en una investigación previa (Roque, Salas, & Juárez, 2013) ya habían sido evaluados para las metodologías ágiles denominadas XP y Scrum utilizando esta misma escala.

Las características de los proyectos realizados en esta investigación fueron las siguientes: los equipos estuvieron conformados como máximo por dos programadores con experiencia intermedia; todos fueron estudiantes del séptimo semestre de la carrera universitaria de licenciatura en informática. El tiempo de desarrollo fue de dos meses y se hicieron dos iteraciones para la obtención del producto final, el cual fue orientado por una necesidad real. Se elaboraron elementos de análisis, diseño e implementación, así como la documentación final de usuario y técnica en cada caso. Se realizaron diagramas UML con fines de comunicación y documentación. Todos los proyectos fueron distintos. Todas las aplicaciones fueron de escritorio, las cuales fueron programadas en lenguaje C# (Skeet, 2013) con excepción de un caso en donde se utilizó Java (Schildt, 2014).

Para la captura y análisis de datos se utilizó el paquete estadístico SPSS (Field, 2013). Conceptualmente se definieron dos variables nuevas como escalas sumadas o agregadas (Zikmund & Barry, 2012), las cuales agrupaban los aspectos metodológicos y los aspectos de la dinámica de trabajo de la siguiente manera:

Aspectos metodológicos = Facilidad de entendimiento + Facilidad de implementación + Facilidad de adaptación

Aspectos de dinámica de trabajo = Organización + Comunicación + Motivación

En SPSS, primero se obtuvieron los valores descriptivos y luego se realizaron dos conjuntos de pruebas de hipótesis. El primero se realizó para cada una de las características estudiadas planteando las siguientes diferencias entre PU y XP:

H_0: No existen diferencias significativas entre las evaluaciones de PU y XP para la característica k.

H_1: Existen diferencias significativas entre las evaluaciones de PU y XP para la característica k.

El segundo conjunto de pruebas de hipótesis planteó diferencias entre PU y Scrum para cada una de las k características:

H_0: No existen diferencias significativas entre las evaluaciones de PU y Scrum para la característica k.

H_1: Existen diferencias significativas entre las evaluaciones de PU y Scrum para la característica k.

En ambos casos se aplicó la prueba no paramétrica de Mann-Whitney (Levin & Rubin, 2010) y se utilizó un nivel de confianza de referencia del 90%, por lo que un PValor menor o igual a .10 fue interpretado como la existencia de diferencia estadística significativa entre los elementos que estaban siendo comparados en las hipótesis.

4. Resultados

Los valores descriptivos obtenidos en la evaluación de PU se muestran en la tercera columna de la Tabla 2. Las columnas cuarta y quinta de esta misma tabla corresponden a las valoraciones realizadas con anterioridad en (Roque Hernández, Negrete Hoz, & Salinas Escandón, 2013) y (Roque, Salas, & Juárez, 2013). Todos estos datos se muestran en el formato de: ***Valor de la mediana ± rango intercuartil***. Por otra parte, la Tabla 3 muestra los PValores de las pruebas de hipótesis de diferencias entre PU y XP así como entre PU y Scrum en las características estudiadas.

Identificador (k)	Característica	PU (n=15)	XP (n=7)	Scrum (n=8)
1	Facilidad de entenderla	4 ± 1	4 ± 1	3.5 ± 1
2	Facilidad de implementarla	3 ± 1	3 ± 2	4 ± 1
3	Facilidad de adaptarla	3 ± 1	4 ± 1	4 ± 1
4	Organización para trabajar	4 ± 1	3 ± 1	3 ± 1
5	Comunicación	4 ± 0	4 ± 1	4 ± 1
6	Motivación	4 ± 0	4 ± 1	4 ± 1
7	Eficiencia general	4 ± 1	4 ± 1	4 ± 1
8	Aspectos metodológicos (Suma de características 1, 2 y 3)	10 ± 2	11 ± 2	11 ± 2
9	Aspectos de dinámica de trabajo (Suma de características 4, 5 y 6)	12 ± 1	11 ± 1	10.5 ± 2.75

Tabla 2. Datos descriptivos de los aspectos estudiados (Mediana ± rango intercuartil).

Identificador (k)	Característica	PValor para la prueba de hipótesis de diferencias	
		PU y XP	PU y Scrum
1	Facilidad de entenderla	.714	.652
2	Facilidad de implementarla	.556	.314
3	Facilidad de adaptarla	.224	.053
4	Organización para trabajar	.050	.077

5	Comunicación	.462	.210
6	Motivación	.621	.247
7	Eficiencia general	.612	.910
8	Aspectos metodológicos (Suma de características 1, 2 y 3)	.891	.245
9	Aspectos de dinámica de trabajo (Suma de características 4, 5 y 6)	.029	.078

Tabla 3. Resultados de la comparación del PU con XP
y Scrum mediante la prueba de Mann Whitney.

De acuerdo a los valores descriptivos observados para PU, las características de facilidad de entendimiento, así como la organización, comunicación y motivación obtuvieron evaluaciones altas por parte de los participantes en los equipos de desarrollo. Las puntuaciones más bajas las recibieron la facilidad de adaptación y la facilidad de implementación. Por otra parte, los valores de las escalas sumadas que fueron definidas reflejan que los aspectos de la dinámica de trabajo fueron mejor evaluados que los aspectos metodológicos.

La prueba de Mann Whitney realizada para comparar las evaluaciones de los desarrolladores que utilizaron PU con las evaluaciones de los desarrolladores que usaron XP mostró que existen diferencias significativas en los aspectos de dinámica de trabajo (PValue=.029) y en la organización para trabajar (PValue = 0.50). En ambas características, el PU resultó mejor evaluado que XP.

Al comparar PU con la metodología Scrum, se observaron diferencias en la facilidad de adaptación (PValue= .053), en la organización para trabajar (PValue=.077), y en general en la dinámica de trabajo (PValue = .078). La facilidad de adaptación fue mejor evaluada en Scrum que en PU. Por el contrario, la organización que se logró y los aspectos de la dinámica de trabajo fueron mejor evaluados en PU que en Scrum.

La Tabla 4 resume las diferencias estadísticas significativas que se encontraron entre PU con XP y Scrum después de las pruebas realizadas. Se observa que el PU puede representar una mejor opción que XP y Scrum en cuanto a la organización para trabajar. Esto puede estar relacionado con la naturaleza misma del PU, la cual identifica explícitamente fases y flujos de trabajo así como también se apoya en productos específicos para cada actividad de desarrollo. XP y Scrum no son prescriptivas o propositivas a este nivel de detalle, lo cual podría ser la causa de que los desarrolladores perciban mayor desorganización cuando trabajan con ellas. Por otra parte, esta misma libertad que otorga Scrum a los equipos hace que la metodología sea fácil de adaptarse a las necesidades de cada proyecto. Es posible que por esta razón Scrum haya resultado mejor evaluado que PU en cuanto a la facilidad de adaptación.

Característica	Metodología recomendada
Aspectos de la dinámica de trabajo, concretamente la organización lograda.	PU se evaluó mejor que XP y Scrum
Facilidad de adaptación	Scrum se evaluó mejor que PU.

Tabla 4. Resumen de diferencias estadísticas significativas encontradas entre PU y XP así como entre PU y Scrum.

5. Conclusiones y trabajo futuro

En este trabajo se presentaron los resultados de una investigación que aplicó y evaluó el Proceso Unificado en quince proyectos con menos de cien requerimientos y con tiempo total de desarrollo de dos meses. Los equipos evaluaron la metodología en los siguientes aspectos: facilidad de entenderla, facilidad de implementarla, facilidad de adaptarla, organización comunicación y motivación. Los resultados obtenidos fueron comparados con evaluaciones realizadas previamente para los mismos aspectos en escalas iguales para las metodologías ágiles Programación Extrema (XP) y Scrum. Los resultados muestran que el PU resultó mejor evaluado que XP y Scrum en la dinámica de trabajo y de manera particular en la organización lograda por el equipo de desarrollo. Por otra parte, el PU obtuvo una evaluación menor que Scrum en la facilidad de adaptación.

Se debe considerar que para la presente investigación, únicamente se tomó en cuenta la perspectiva de los programadores y que los proyectos tuvieron pocos requerimientos, un reducido tiempo de entrega y fueron desarrollados por estudiantes universitarios con experiencia intermedia. Estas condiciones son similares a las presentadas en (Roque, Salas, & Juárez, 2013) y (Roque Hernández, Negrete Hoz, & Salinas Escandón,

2013), cuyos resultados de XP y PU se usaron para establecer las comparaciones con PU. Sin embargo, en ese trabajo, las aplicaciones son móviles y el número de participantes en el estudio es menor.

Como trabajo futuro se plantea la evaluación de mayor cantidad de aspectos relacionados con el PU y su respectiva comparación con otras formas de desarrollar software. También se plantea el estudio de estas características desde otras ópticas distintas como por ejemplo, la calidad del software final.

6. Agradecimientos

Los autores desean agradecer a la Universidad Autónoma de Tamaulipas, en especial a la Dirección de Investigación y Posgrado y a la Facultad de Comercio, Administración y Ciencias Sociales por el financiamiento y las facilidades otorgadas para la realización de este proyecto interno registrado con clave "PFI 2014-48" y con título "Aplicación y evaluación de una metodología de desarrollo de software".

7. Referencias

Agile Alliance. (28 de noviembre de 2014). *Manifiesto por el Desarrollo Ágil de Software*. Obtenido de http://agilemanifesto.org/iso/es/

Beck, K., & Andres, C. (2004). *eXtreme Programming explained. Embrace Change.* Estados Unidos: Addison Wesley.

Copeland, L. (3 de Diciembre de 2001). *Extreme Programming.* Obtenido de COMPUTERWORD: http://www.computerworld. com/s/article/66192/Extreme_Programming

Field, A. (2013). *Discovering Statistics using IBM SPSS Statistics.* SAGE Publications Ltd.

Jacobson, I., Booch, G., & Rumbaugh, J. (2005). *El Proceso Unificado de Desarrollo de Software.* Pearson Addison Wesley.

Jiang, L., Eberlein, A., & H. Far, B. (2005). Combining Requirements Engineering Techniques –Theory and Case Study. *Proceedings of the 12th IEEE International Conference and Workshops on the Engineering of Computer-Based Systems.*

Juristo, N., & M. Moreno, A. (2001). *Basics of Software Engineering Experimentation.* Springer.

Kendall, & Kendall. (2013). *Systems Analysis and Design.* Prentice Hall.

Larman, C. (2004). *Agile & Iterative Development - A Manager's Guide.* Addison Wesley.

Levin, R., & Rubin, D. (2010). *Estadística para administración y economía.* Pearson.

Pressman, R. (2010). *Ingeniería del Software: un enfoque práctico.* México, D.F.: McGrawHill.

Roque H., R., Durán Hernández, F., López Mendoza, A., & Mota M., S. (2013). Desarrollo de software con Programación Extrema (XP). *Revista Tec Review*, 14-17.

Roque Hernández, R., Negrete Hoz, E., & Salinas Escandón, J. (2013). Aprendiendo a desarrollar aplicaciones para Android con la metodología ágil Scrum: un caso de estudio. México DF: Universidad Nacional Autónoma de México.

Roque, R., Salas, M., & Juárez, C. (2013). Tema: Comparación de XP y Scrum en el desarrollo de aplicaciones móviles con Java para Android. *Congreso Internacional en Competitividad, Negocios, Logística, Tecnologías, Desarrollo Económico y Sustentabilidad.* Nuevo Laredo, Tamaulipas, México.

Sánchez, S., Sicilia, M. A., & Rodríguez, D. (2012). *Ingeniería del Software: Un enfoque desde la guía SWEBOK.* Alfaomega.

Schildt, H. (2014). *Java: The Complete Reference.* Mcgraw-Hill.

Sims, C., & Johnson, H. (2011). *Elements of Scrum.* Foster City, California: Dymaxicom.

Skeet, J. (2013). *C# in depth.* Manning Publications.

Sutherland, J., & Schwaber, K. (Julio de 2013). *Scrum Guide.* Obtenido de scruminc.com: http://info.scruminc.com/Portals/191341/docs/Scrum%20Guide%20July%202013.pdf

Sutherland, Jeff. (2 de Abril de 2012). *The Scrum Papers: Nut, Bolts, and Origins of an Agile Framework.* Obtenido de scruminc.com: http://jeffsutherland.com/ScrumPapers.pdf

Wells, D. (28 de noviembre de 2014). *Extreme Programming: A gentle introduction.* Recuperado el 28 de noviembre de 2014, de http://www.extremeprogramming.org/

Zikmund, W., & Barry, B. (2012). *Business Research Methods.* Cengage Learning.

INFORMACIÓN SOBRE LOS AUTORES

Arreola Rivera, Roberto.

Es Profesor de Tiempo Completo en la Facultad de Comercio, Administración y Ciencias Sociales de Nuevo Laredo en el área de Contabilidad. Licenciado en Contaduría Pública y Auditor y Maestría en Administración con Enfoque Estratégico por la Universidad Autónoma de Tamaulipas, También cuenta con el grado de Master in Business Administration por la Texas A&M International University (TAMIU) de Laredo, Texas; USA.

Actualmente funge como Secretario Administrativo de la Facultad de Comercio, Administración y Ciencias Sociales de Nuevo Laredo.

Contacto: roarreola@uat.edu.mx

Arredondo Salcedo, Daniel

Graduado en 2003 del Instituto Tecnológico Superior Zacatecas Norte (México) en Licenciatura en Informática, posteriormente cursa estudios de maestría en Ingeniería de Software en el Centro de Investigación en Matemáticas (CIMAT). Actualmente se desempeña como profesor e investigador en el Tecnológico Zacatecas Norte, en líneas afines a la Computación Ubicua e Ingeniería de Software. Su principal tema de interés es Bases de Datos y Flujos de Control.

Contacto: itszn_daniel@yahoo.com.mx

Arriaga Huerta, Liliana Marlene.

Profesora de Tiempo Completo en la Facultad de Comercio, Administración y Ciencias Sociales de Nuevo Laredo en el área de Contabilidad.

Licenciada en Contaduría Pública y Auditor y Maestría en Administración con Enfoque Estratégico por la Universidad Autónoma de Tamaulipas.

Actualmente se desempeña como contralora de la Facultad de Comercio, Administración y Ciencias Sociales de Nuevo Laredo.

Contacto: earriaga@uat.edu.mx

Esquivel Salas, Abraham

Graduado en 1998 del Instituto Tecnológico Superior Zacatecas Norte (México) en Licenciatura en Informática, posteriormente cursa estudios avanzados en Ingeniería Informática en la Universidad Autónoma de Madrid (España) donde continua cursando estudios de Doctorado. Actualmente se desempeña como profesor e investigador en el Tecnológico Zacatecas Norte en líneas afines a la Computación ubicua e Inteligencia Ambiental. Su principal tema de interés es el manejo de la privacidad y seguridad en Entornos Activos, así como el desarrollo de interfaces persona-ordenador y aplicaciones sensibles al contexto.

Contacto: abraham.esquivel@gmail.com

García Govea, Mayra Elena

Maestra de Tiempo Competo y personal administrativo de la Facultad de Comercio, Administración y Ciencias Sociales de Nuevo Laredo de la Universidad Autónoma de Tamaulipas. Licenciada en Ciencias de la Comunicación y Desarrollo Organizacional por la Universidad Autónoma de Nuevo León, cuenta con una Maestría en Educación Superior por la misma institución, además de ser Master in Business

Administration por la Texas A&M International University (TAMIU) de Laredo, Texas; USA. Actualmente es Evaluador Nacional e Internacional en planes y programas de estudio de educación superior por el Consejo de Acreditación en la Enseñanza de la Contaduría y Administración (CACECA)

Contacto: gargov@uat.cdu.mx

Herrera Izaguirre, Juan Antonio

Maestro de tiempo completo de la Universidad Autónoma de Tamaulipas. Obtuvo su licenciatura en derecho de la Universidad Autónoma de Tamaulipas en 1992, Maestría en Derecho Internacional en la Universidad de Cornell en los Estados Unidos y Doctorado en Derecho en la Universidad de Dalhousie en Canadá.

Contacto: derechointernacional@hotmail.com

Lope Díaz, Luis Hernán

Profesor Investigador de Tiempo Completo y Director de la Facultad de Comercio, Administración y Ciencias Sociales de Nuevo Laredo. Cursó la Licenciatura en Administración y la Maestría en Administración con Enfoque Estratégico en la Universidad Autónoma de Tamaulipas.

Contacto: **llope@uat.edu.mx**

López Mendoza, Adán

Estudió la licenciatura en informática, así como una Maestría en Tecnología Informática. Es Profesor de Tiempo Completo y Coordinador de la División de Estudios de Posgrado de la Facultad de Comercio, Administración y Ciencias Sociales de Nuevo Laredo, perteneciente a la Universidad Autónoma de Tamaulipas. Actualmente es candidato a doctor en Educación Internacional de la misma institución.

Contacto: alopez@uat.edu.mx

Mangin Guixeras, Violeta

Maestra de Tiempo Completo y personal administrativo, encargada del área de educación ambiental y actividades extracurriculares de la Facultad de Comercio, Administración y Ciencias Sociales Nuevo Laredo de la Universidad Autónoma de Tamaulipas. Licenciada en Psicología por la Universidad de Monterrey, en el estado de Nuevo León. Cuenta con la Maestría en Desarrollo Humano y con Maestría en Docencia por el Instituto de Educación Superior Josè Martì de Monterrey en el estado de Nuevo León.

Contacto: violeta_mangin@yahoo.com

Ponce Díaz, Ma. de Jesús.

Profesora de Tiempo Completo en la Facultad de Comercio, Administración y Ciencias Sociales de Nuevo Laredo en el área Financiera.

Licenciada en Administración Pública y Maestría en Ciencias Especialidad en Finanzas por la Universidad Autónoma de Tamaulipas.

Master en Business Administration por Laredo State University, Laredo; Texas.

Presidenta de la Academia de Finanzas, en la Facultad de Comercio, Administración y Ciencias Sociales.

Miembro vigente No. 108 de La Red Internacional de Investigadores en Competitividad, A.C.

Contacto: dmaria@uat.edu.mx

Romero López, Jesús Manuel

Es Maestro en Administración de Negocios por la Universidad Autónoma de Tamaulipas, donde curso también la Licenciatura en Informática.

Ha sido Técnico Académico Titular en El Colegio de la Frontera Norte con sede en Nuevo Laredo y actualmente se desempeña como Coordinador de Comercio Exterior en el Instituto para la Competitividad y el Comercio Exterior de Nuevo Laredo.

Contacto: jesusromero@live.com

Roque Hernández, Ramón Ventura

Es Doctor en Ingeniería Telemática por la Universidad de Vigo, España. Es Maestro en Ciencias en Ingeniería Electrónica e Ingeniero en Sistemas Computacionales por el Instituto Tecnológico de Nuevo Laredo. Actualmente es Profesor de Tiempo Completo en la Facultad de Comercio, Administración y Ciencias Sociales (Nuevo Laredo, Tamaulipas, México) de la Universidad Autónoma de Tamaulipas, en donde imparte clases en los niveles de licenciatura y posgrado. Sus áreas de interés en investigación son: la Ingeniería de Software y la Informática Aplicada.

Contacto: rvHernandez@uat.edu.mx

Salas Guzmán, Manuel Ignacio

Graduado en 1999 del Instituto Tecnológico Superior Zacatecas Norte (México) en Licenciatura en Informática, posteriormente cursa estudios de maestría en Ingeniería de Software en el Centro de Investigación en Matemáticas (CIMAT). Actualmente se desempeña como profesor e investigador en el Tecnológico Zacatecas Norte, en líneas afines a la Computación Ubicua e Ingeniería de Software. Su principal tema de interés es Metodologías de Desarrollo de Software.

Contacto: isalasg_tec@hotmail.com

Salas Torres, José María

Graduado en 2006 del Instituto Tecnológico Superior Zacatecas Norte (México) en Licenciatura en Informática, posteriormente cursa estudios de maestría en Ingeniería de Software en el Centro de Investigación en Matemáticas (CIMAT). Actualmente se desempeña como profesor e investigador en el Tecnológico Zacatecas Norte, en líneas afines a la Computación Ubicua e Ingeniería de Software. Su principal tema de interés es Arquitecturas de Software.

Contacto: jmst_83@hotmail.com

Salinas Escandon, Juan Manuel

Estudió la Licenciatura en Contaduría Pública y Auditor, así como una Maestría en Tecnología Informática. Es profesor-investigador de la Facultad de Comercio, Administración y Ciencias Sociales de Nuevo Laredo, Coordinador del Departamento de Comunicación Académica de la FCAYCS. Actualmente es candidato a doctor en Educación Internacional de la misma institución.

Contacto: jmsalinas@uat.edu.mx